MITOS Y REALIDADES DE LA IGLESIA CATÓLICA

Bernardo S. Rodríguez Cruz

Ibukku es una editorial de autopublicación. El contenido de esta obra es responsabilidad del autor y no refleja necesariamente las opiniones de la casa editora.

MITOS Y REALIDADES DE LA IGLESIA CATÓLICA
Publicado por Ibukku
www.ibukku.com
Diseño y maquetación: Índigo Estudio Gráfico
Copyright © 2018 Bernardo S. Rodríguez Cruz
ISBN Paperback: 978-1-64086-305-7
ISBN eBook: 978-1-64086-306-4
Library of Congress Control Number: 2019932645

ÍNDICE

A manera de Carta de Recomendación

Todos somos conscientes del relativismo que se ha plantado en la mente de las generaciones actuales, producto de la corriente del postmodernismo. Un relativismo en el que ya parece que no hay verdades absolutas, sino que todo parece ser del color según los lentes que uno use para ver la realidad. Frente a esta realidad que erosiona las conciencias y las corrompe, se ve necesaria una ayuda que ilumine las mentes y las haga salir de la oscuridad de las mentiras y medias verdades que circulan en todos los medios masivos de comunicación. Algo que defienda a las inocentes almas, sobre todo de jóvenes y adolescentes, que se ven bombardeados y amenazados por las opiniones de tantos pseudo-maestros y falsos profetas, quienes consigna en mano, destruyen la poca fe de los más pequeños.

Ante estas circunstancias de la cultura actual se emerge como un auxilio indispensable el libro de Bernardo Simón Rodríguez Cruz, "Mitos y Realidades de la Iglesia Católica". El título ya es de por sí provocativo y una excitante invitación a la aventura en búsqueda de la verdad, pero sobre todo la forma como lo va desarrollando y acompañando de tanta información significativa, es lo que más gusta de la obra. Un estilo ágil, bien estructurado cada tema, con los suficientes datos para justificar lo que ahí se propone.

Me da gusto que existan estas iniciativas, sobre todo porque viene de un laico comprometido con la verdad, con la Iglesia, con el ser humano, y desde luego con Dios. Quien lea y comparta las propuestas de estas páginas no se sentirá defraudado.

Enhorabuena Bernardo, y que Dios te siga iluminando para que logres tú ser luz, también, para los demás.

Pbro. Lic. Jesús García Zamora
Vicario General de la Arquidiócesis de Guadalajara.

AGRADECIMIENTOS

A DIOS. *Por infundir en mí el anhelo de conocerte, de acercarme a ti, de permitirme cumplir tu voluntad haciendo lo que hago y por darme la oportunidad de tener, como apologeta y abogado el mejor de los clientes.*

A MI MADRE. *Por inculcarme desde niño el amor a Dios, a la Virgen, a los santos y a toda mi religión. Por guiarme y enderezarme cuando más lo necesité, por preocuparte por mí y alegrarte con mistriunfos, espero que desde el cielo me des el visto bueno sobre lo que aquí expongo, sin esperar jamás que este libro les llegue a los talones, siquiera a cualquiera de los tuyos.*

A MI ESPOSA. *Que con su gran labor de madre, de esposa y administradora del hogar me brindó toda la ayuda necesaria para la realización de esta obra. Por tu confianza, cariño y dedicación. Te amo.*

A MI HIJO. *Por ser el motor natural de cada esfuerzo, paso y respiro que doy. Espero algún día leas este libro y puedas vivir en congruencia con lo que aquí se dice. Aquí estaremos, primero Dios, tu madre y yo para apoyarte, guiarte y amarte.*

A MI HERMANA LOURDES. *Porque fue ella, quien al proponerme platicarles de Dios a sus alumnos de preparatoria impulsó y generó la idea de escribir este libro.*

AL PADRE FRAY OCTAVIO DE LA CRUZ. *Quien, al contar con el favor de su amistad fue guía, consejero y corrector de esta obra. A usted, mi reconocimiento, admiración y total agradecimiento.*

PRÓLOGO

Maravilla en las páginas del autor, Bernardo S. Rodríguez Cruz, señeros goces intelectuales, y sorprende la altura moral y el cristiano afecto y convicción religiosa que satura cada una de sus palabras y pensamiento al esgrimir armas de razón y de fe en defensa de la doctrina de Jesucristo.

Su conocimiento de la Sagrada Escritura, como fuente de revelación es admirable. Catorce capítulos plenos de elocuencia apologética impiden suspender su lectura. No solamente hace derroche de conocimientos de Historia Universal y de la Iglesia Católica, sino también de filosofía al fundamentar sus ideas en la ética y Teodicea en su argumentación racional.

Todo lo anterior lleva a la reflexión de que cuando el hombre busca a Dios, el mismo Dios sale a su encuentro para que el hombre se adentre en su intimidad. Porque cuando el hombre no se interesa en las cosas de Dios no puede conocerlo como aquel que si se interesa.

Esta es la Teodicea que hierve en sus páginas: ciencia filosófica que conduce a Dios por el ejercicio de la razón.

Nuestra llamada es invitadora a los amigos de lecturas medulares que como éstas hervorosas de vitalidad y de fe obtienen categoría antológica.

Obra literaria que demuestra al mismo tiempo conocimiento y repaso de tesis cruciales de Teodicea; modelo de humildad intelectual y entereza cristiana afloran en sus líneas.

Con admiración y afecto agradecemos a Bernardo estas páginas de piedad que nos llaman al camino de Dios.

Fray Octavio de la Cruz O.F.M.

ABREVIATURAS BÍBLICAS

Ante la posibilidad de que el lector no esté familiarizado con algunas de las abreviaturas o citas bíblicas, que se indican a lo largo de la presente obra, me permito explicarlas a continuación:

Génesis	Gn (Gén)	Proverbios	Pr (Prv, Pro)
Éxodo	Ex	Eclesiastés	Ec
Levítico	Lv (Lev)	Cantares	Cnt (Ct, Cant)
Números	Nm (Núm)	Isaías	Is (Isa)
Deuteronomio	Dt	Jeremías	Jer (Jr)
Josué	Jos	Lamentaciones	Lm (Lam)
Jueces	Jue (Jc)	Ezequiel	Ez (Ezq)
Rut	Rt (Rut)	Daniel	Dn (Dan)
1 Samuel	1 S (1Sam)	Oseas	Os
2 Samuel	2 S (2Sam)	Joel	Jl (Joel)
1 Reyes	1 R (1Rey, 1Re)	Amós	Am
2 Reyes	2 R (2Rey, 2Re)	Abdías	Abd (Ab)
1 Crónicas	1 Cr (1Cro, 1Cró, 1Crón)	Jonás	Jon
2 Crónicas	2 Cr (2Cro, 2Cró 2Crón)	Miqueas	Miq (Mi)
Esdras	Esd	Nahúm	Nah (Na)
Nehemías	Neh (Ne)	Habacuc	Hab (Ha)
Ester	Est	Sofonías	Sof (So)
Job	Job (Jb)	Hageo (Ageo)	Hag (Ag)
Salmos	Sal (Sl)	Zacarías	Zac (Za)
Mateo	Mt (Mat)	Malaquías	Mal (Ml)
Marcos	Mc (Mr, Mar)	1 Timoteo	1Tim (1Ti, 1Tm)
Lucas	Lc (Luc)	2 Timoteo	2Tim (2Ti, 2Tm)
Juan	Jn (Juan)	Tito	Tit (Ti, Tt, Tito)
Hechos	Hch (He, Hech)	Filemón	Flm (Filem)
Romanos	Rom (Ro, Rm)	Hebreos	Heb (He, Hb)
1 Corintios	1 Co (1Cor)	Santiago	St (Sant, Stg, Stgo)
2 Corintios	2 Co (2Cor)	1 Pedro	1 P (1Pe, 1Ped)
Gálatas	Ga (Gál, Gá, Gl)	2 Pedro	2 P (2Pe, 2Ped)
Efesios	Ef	1 Juan	1 Jn
Filipenses	Fil (Flm, Flp)	2 Juan	2 Jn
Colosenses	Col	3 Juan	3 Jn
1 Tesalonicenses	1Ts (1Tes, 1Te)	Judas	Jud (Jds, Judas)
2 Tesalonicenses	2Ts (2Tes, 2Te)	Apocalipsis	Ap (Apoc)

INTRODUCCIÓN

¿Por qué la Iglesia no vende todo el dinero y los tesoros que tiene y se lo da a los pobres del mundo? ¿Por qué la Iglesia es tan mala con los homosexuales, ¿por qué tengo que confesar mis pecados con una persona que es igual o más pecadora que yo? Estas y otras preguntas parecidas, a diario circulan en nuestra vida cotidiana, a veces con una curiosidad normal y a veces con una intención malsana. El problema no es, en sí, las preguntas o cuestionamientos que las personas, comúnmente realizan sobre determinadas posiciones o conductas de la Iglesia. El problema estriba en que pocos son los católicos que saben responder estas interrogantes de manera correcta. Por el contrario son esa clase de cuestionamientos los que hacen dudar de su fe a muchas personas, que, por ignorancia terminan apartándose de la religión Católica y convirtiéndose en la mayoría de los casos en ateos, agnósticos o protestantes.

En lo personal y estoy seguro que como muchos de ustedes, tengo la fortuna de contar con muchas amistades, algunas de otras religiones, de diferentes creencias y otras con total apatía a cualquier tipo de creencia filosófica. También cuento con un buen número de amistades que comparten la misma "simpatía" por la religión Católica. Hago énfasis en la palabra "simpatía" porque claramente es lo único que los une al catolicísimo, ya que carecen de algún tipo de conocimiento en relación a la fe Católica. Y es, muchas veces, de esas mismas personas que considerábamos católicos, que recibimos la mayoría de los cuestionamientos que se arguyen en contra de la religión Católica.

El problema es la falta de preparación. No es un secreto que la religión Católica es, con relación a sus fieles, la más ignorante del mundo, vemos a los protestantes recitar versículos enteros de la Biblia y a los judíos leer la Torá en hebreo de manera fluida, observamos a los devotos budistas estudiar laTriptaka y no se diga a los musulmanes cantar el Corán cinco veces al día.

El católico, en cambio, como requisito para realizar su primera comunión, se le obliga a realizar un curso entre los nueve y diez años de edad donde se le enseña algunos conocimientos básicos del antiguo testamento (Génesis y Éxodo) la historia de Jesucristo plasmada en el nuevo testamento, se le enseña puntos básicos del Catecismo de la Iglesia Católica, oraciones fundamentales y el hecho real de que al recibir la comunión, no será pan y vino lo que coma y beba, sino realmente el Cuerpo y la Sangre de Nuestro Señor Jesucristo.

Esa preparación académica y espiritual resulta eficaz para un niño de nueve o diez años, pero con el tiempo resulta insuficiente. En varias ocasiones he tenido el honor de ser padrino de primera comunión y veo, en mis ahijados una seguridad completa que lo que están por recibir, un propósito firme y un orgullo total en su religión recién aprendida, pero al pasar el tiempo ese niño seguro de su propia religión se aparta del estudio, piensa que lo que estudió como requisito para recibir el sacramento de la comunión es lo necesario para seguir siendo católico durante toda su vida y no como el principio de lo mucho que hay que conocer de la única religión verdadera.

Con el paso del tiempo, ese niño, que en su momento estuvo seguro y orgulloso de su fe, que ya no se preocupó por seguir conociendo su religión y que ahora es un muchacho adentrado en cosas de la vida y contaminado por la cruda realidad de nuestros días, al recordar su primera comunión, la relaciona con sus años de infancia, comienza a pensar que lo aprendido de la Biblia no es distinto a los cuentos de príncipes y hadas que le leían de niño, asocia sus enseñanzas bíblicas con cuentos infantiles y empieza a pensar que lo que le enseñaron no es más que un bonito cuento, pero que no es real. Esa persona, ya sin fundamentos religiosos empezará a aceptar la información que se le presente en películas, como "el Código Da Vinci", medios de comunicación y redes sociales. Lugares donde abunda material anticatólico, empezará a cuestionarse sobre la simple existencia de Dios, sobre la conveniencia de una religión y terminará pensando que quizás haya o no un Dios, pero que mientras él no le haga daño a nadie todo estará bien, apartándose, él y toda su familia de la religión concentrando todas su energías en la carga del trabajo o en cualquier asunto terrenal.

Claramente, el problema del católico de hoy es su falta de preparación y conocimiento, armas fundamentalmente necesarias para contrarrestar los ataques de los que están en contra de la religión Católica, que son muchos, tal y como veremos a lo largo de este libro. Son muchos los testimonios de personas que al abandonar la religión Católica y ser acogidos por sectas protestantes manifiestan ser más felices como protestantes que como católicos, argumentando que de católicos se drogaban, se emborrachaban, eran infieles y que ahora que son protestantes ya no hacen nada de eso. A esas personas habrá que decirles que jamás fueron católicos de verdad, jamás entendieron el verdadero significado de la Misa, jamás se acercaron a los sacramentos de la confesión y de la comunión, que jamás se preocuparon por conocer y practicar realmente la única religión fundada por Jesucristo y que gracias a eso fue fácil irse a un lugar donde les resulta más cómodo estar, sin tener que confesar los pecados a un sacerdote y privándose de comer y beber el Cuerpo y la Sangre de Dios.

Quien se dirige a ustedes, no es una persona con títulos o grados de filosofía, teología o Biblia en mi haber, soy un simple profesionista que en mi carrera como abogado, a lo largo de los años he dedicado a preparar, exponer y defender temas complicados con argumentos sólidos y creo que no hay mejor manera de expresar esa capacidad que defendiendo a Dios. Es decir, no es que Dios necesite abogado defensor, simplemente no existe mejor "cliente" que la propia Iglesia Católica, ¡es un litigio ganado! Porque es *fundamento y columna de la verdad* (1ª. Tim. 3,15).

¿Qué es la apologética? Según San Pedro, el primer Papa, *"siempre hay que estar dispuestos a dar las razones de nuestra fe."* (1ª. Pe. 3, 15), según san Pablo *"hay que enseñar a otros que sean dignos de confianza para que a su vez enseñen a otros"* (2ª. Tim. 2, 2). Es decir, debemos de estar siempre preparados para dar los argumentos necesarios cuando nos pregunten acerca de nuestra fe. ¡Pero no nada más eso! hay que estar siempre preparados y dispuestos a defender nuestra fe cuando existan ataques contra ella. En otras palabras, no nada más cuando nos pregunten algo es cuando debemos de hablar, jamás hay que quedarnos callados cuando escuchemos que alguien habla mal de muestra religión, de nuestra Iglesia y mucho menos de nuestro Dios. ¿Y cómo hacemos eso? La respuesta es muy simple estudiando la palabra de Dios e investigando en la tradición de la Iglesia Católica.

Pero siendo realistas yo sé que no hay muchas personas, en el mundo de hoy, que vayan a ponerse a estudiar las escrituras o se pongan a investigar en los numerosos concilios ecuménicos o encíclicas y bulas papales, por eso, me he tomado la libertad de hacerlo por ustedes a fin de que todo católico sin necesidad de hacer grandes investigaciones y estudios esté preparado para dar respuestas a todas las interrogantes y puedan defender su fe de todos los ataques que existen en contra de Jesús y su única Iglesia.

En otras palabras, este libro va dirigido al ciudadano común, que por cuestión de tiempo le resulta difícil conocer más de su religión, pero que le gustaría conocer más y tener argumentos sólidos con que debatir a esas amistades o personas que siempre lo atacan por ser católico.

Es mi objetivo dotar de esas "armas" con argumentos fríos y bien sustentados a todas las personas que no son versadas en cuestiones de religión, teología o filosofía. Es dirigirme a las personas que no vayan a realizar ningún curso bíblico pero que no quieren ser engañadas por los enemigos de la Iglesia Católica y que quieran estar bien protegidos antes los incesantes ataques de organizaciones y sectas que buscan que cada día más católicos pierdan la fe en su religión y se aparten de Dios cambiándose de religión, aprovechándose de su ignorancia.

Por último, quiero puntualizar que los argumentos expresados en este libro son expresados en forma clara y sencilla, sin pretender confundir al lector y sin querer hacer más larga su lectura que lo justo y necesario. Es mi intención darle una idea simple de cada problema planteado y la solución al mismo, con ideas sencillas soportadas con datos o cifras obtenidos de documentos públicos para que se pueda comprender más fácilmente y a la vez se pueda explicar con la misma sencillez.

A continuación, se plantean 13 argumentaciones planteadas por todo tipo de personas, en todo tipo de épocas y en todos los rincones del mundo en contra de Dios, de la religión Católica o de su doctrina, se da una explicación de cada una de esas afirmaciones y se da respuesta de manera clara y concisa a cada una de ellas.

CAPÍTULO UNO

LA EXISTENCIA DE DIOS

"*Para el que quiere creer tengo mil argumentos para el que no quiere creer no tengo ninguno*". Frase contundente de San Agustín, que sin duda se debe aplicar a todos y cada uno de los ateos que existen en nuestros días.

Esta frase encierra en sí misma la incongruente y contradictoria posición de los que dicen no creer en Dios, ya que los más grandes filósofos, científicos y teólogos de la historia han comprendido, concluido y aceptado la necesidad de la existencia de Dios.

No es la intención, en esta obra hacer un recuento de todos y cada uno de los planteamientos que hacen los ateos para negar la existencia de un Dios y luego analizar cada uno de los argumentos argüidos por los teólogos para derrumbar tales afirmaciones. Lo que se pretende como se ha dejado establecido en la introducción de este libro es expresar un simple planteamiento del problema y explicar la solución a dicha cuestión con argumentos sólidos que permitan su clara comprensión y su fácil exposición posterior.

¿Qué piensan los ateos? Para los fines aquí perseguidos basta decir que los ateos niegan la existencia de un Dios, es decir la existencia de un poder externo de la materia que diera origen a todo lo que hoy existe y por ende niega todo lo que no sea materia y muy en especial, el espíritu.

Los ateos basan su convicción en dos corrientes de pensamiento, el materialismo y el positivismo, cuyo argumento principal consiste en que solo existe lo que se puede observar o percibir por medio de los sentidos y como a esa fuerza exterior creadora de todo lo que existe no se le puede ver, entonces se llega a la conclusión de que no existe. Concluyen diciendo que son las personas que creen en Dios las que tienen que probar su existencia, bajo el presupuesto de que el que afirma está obligado a probar.

Claramente, a los ateos, no se les puede refutar desde un punto de vista que no sea científico, pues como basan su afirmación solamente en lo que son capaces de ver, oír, sentir, oler o saborear, no aceptan otros medios de conocimiento que no sea el procedimiento científico, es decir algo que pueda ser probado a través de diversas reproducciones y repeticiones dentro de un laboratorio.

Contestando a los ateos.- Pues bien, como ya he dicho antes, a los ateos no se les puede dar pelea desde un campo de batalla que no sea la ciencia y esto resulta ser tan ilógico como pretender explicar cómo leer la música contenida en un pentagrama con la ayuda de una calculadora. Porque simple y sencillamente son dos cosas totalmente distintas entre sí.

La ciencia estudia todo lo relacionado con la materia y la materia es todo aquello que se encuentra regido bajo las cuatro fuerzas que rigen el universo: Gravitacional, electromagnética, nuclear fuerte y nuclear débil. En otras palabras, Dios no es materia, pues no se rige bajo esas cuatro fuerzas ni bajo ninguna otra. De hecho el creó esas fuerzas como todo lo demás existe.

Las leyes de la física juegan a favor de Dios.- Sin embargo, el hecho de que no se pueda demostrar la existencia de Dios a través de experimentos científicos recreando la creación del universo una y otra vez en una caja de Petri, no significa que no podamos usar esa ciencia y en especial las leyes de la física para explicar la necesidad de la existencia de Dios. Es muy claro que desde el origen de los tiempos estamos sujetos a leyes que exceden a nuestra voluntad y manipulación, tales como las leyes fundamentales de la física. Una de estas leyes es la segunda ley de Newton o principio fundamental de la dinámica que nos dice que para que un cuerpo tenga movimiento es necesario que una fuerza externa provoque ese cambio. Otra, es la tercera ley de Newton: *"a toda acción existe una reacción, en el mismo sentido, con la misma fuerza y a la inversa"* en otras palabras, la ley de causa - efecto. Pues bien, estas dos leyes que rigen nuestro mundo físico se aplican perfectamente para demostrar la existencia de Dios o dicho de otro modo la imposibilidad de que Dios no exista. Por ejemplo. Si todo cuerpo necesita de una fuerza exterior que lo mueva debemos entender que necesariamente debe existir una fuerza motriz que haya originado un primer impulso y movimiento para dar origen a la creación del universo. Es decir, según la propia física nada se pudo haber movido por sí solo, sino que se necesitó forzosamente de un impulso original emanado de una fuerza externa, ¡A ESA FUERZA EXTERNA LA LLAMAMOS DIOS!

La tercera ley de Newton habla de la ley de la causa y efecto, es decir, la causa de que recojamos frutos de duraznos de un árbol implica necesariamente que el árbol, de donde se obtuvo ese fruto sea un árbol durazno y no un manzano, por el contrario si el árbol plantado fuese un manzano el efecto de éste será proporcionar manzanas, jamás podrá dar duraznos, así entonces y siguiendo la misma ley de la causa y efecto, el efecto de la vida proviene necesariamente de la causa de la vida, pues nada puede dar lo que no tiene y algo que no tiene vida no puede dar vida, por lo tanto tuvo que haber una vida original para dar vida a las demás cosas y ¡A ESA VIDA ORIGNAL ETERNA Y CONSTANTE LA LLAMAMOS DIOS!

Estos dos ejemplos explican cómo claramente apegándonos a las leyes de la física, parte fundamental de la ciencia se explica la necesidad de una fuerza viva, externa y eterna a todo lo que existe y por lo tanto superior a todo.

El big bang.- En 1927, un sacerdote, astrónomo y profesor de física de nombre George Lemaitre concluyó en base a sus observaciones que el universo es expande constantemente y por lo tanto determinó, que tuvo que haber un punto cero donde ocurrió una gran explosión que expandiera todo el universo. A esa teoría, la cual es aceptada, hoy en día por toda la comunidad científica, gracias a las aportaciones del astrofísico Edwin Hubble y su confirmación sobre la expansión de las galaxias se le llama la teoría del Big Bang. Pues ese motor inicial y supremo que provocó la expansión del universo de manera constante hasta el día de hoy se llama Dios.

Pero los ateos por necedad niegan eso, sin darse cuenta, que al negarlo niegan las propias leyes de la física. Es decir, ellos afirman que un objeto inerte e inmóvil puede cobrar vida de forma espontánea y moverse de manera inteligente por sí mismo, yendo en contra de todos los fundamentos físicos.

Bueno, pues ahora son ellos los que afirman algo y bajo su propio argumento de que, el que afirma está obligado a probar, ellos tienen que probar científicamente que la segunda y tercera ley de Newton se pueden romper. Cosa que nunca han hecho y que jamás harán.

Como se demuestra la existencia de Dios.- A Dios no se le concibe por medio de métodos científicos, porque, como se ha dicho, Él se encuentra fuera del ámbito de la ciencia ya que no es materia, a Dios se le concibe ¡por medio de la razón! No es lo mismo razonamiento que ciencia, existe mucho conocimiento que llega a nosotros por medio de la razón, constantemente, al ser individuos dotados de inteligencia permanentemente estamos razonando sobre distintas situaciones cotidianas. Si por ejemplo, llego del trabajo un día por la tarde y veo el carro de mi esposa estacionado en la cochera y la luz de la recamara principal prendida, razono, por medio de la deducción que mi mujer se encuentra en casa y que está descansando en nuestro lecho nupcial. Por eso decimos que gracias a nuestra propia inteligencia deberíamos poder llegar a la conclusión de la existencia de Dios.

Conocer a Dios por sus obras.- No son solo las leyes de la física las que nos ayudan a llegar a estar seguros de la existencia de Dios. Gracias a nuestra propia inteligencia y el uso adecuado de nuestra razón utilizándola con el firme afán de querer saber y conocer la verdad se puede llegar a esta conclusión, aun cuando no sepamos nada de las leyes de la física. Por ejemplo, si llego a una isla aparentemente desierta y observo una cabaña hecha de troncos, debo de llegar a la conclusión, racional y deductiva, que previamente a que llegara a esa isla hubo alguien que llegó antes y con el uso de su inteligencia construyó esa cabaña. Es mi propio razonamiento lo que me hace estar seguro de esa afirmación. Yo no puedo suponer, ni por un segundo, que los troncos necesarios cayeron por casualidad, de tal forma, que se acomodaran y se unieran solos, sin una fuerza motriz e inteligente que los moviera y acomodara en su justo lugar. Si veo un reloj, mi razonamiento me dice que necesariamente hubo un relojero que con una inteligencia especial sobre maquinaria realizó ese reloj. El día que vi por primera vez la piedad de Miguel Ángel quedé anonadado del genio del hombre que de un pedazo de piedra pudo realizar semejante belleza. Pues bien, el ateo pretende decirnos que el viendo la obra perfecta e inteligente del universo, de todos los seres vivos, de la maravilla del cuerpo humano, concluye que todo esto fue creado de manera aleatoria, por casualidad y de manera espontánea.

Ellos, los ateos, nos critican por confiar en lo que no podemos ver por medio de los cinco sentidos, pero a nosotros nos asombra la necedad de ellos de creer en algo que contradice los principios más fundamentales de la física y que tampoco han visto ni probado. Me deja perplejo el ver cómo, sin esperanza alguna, niegan lo que, como ya se ha dicho, la propia física y el razonamiento intelectual nos gritan a los cuatro vientos. ¡DIOS EXISTE!

El ateo más importante ya cree en Dios.- Uno de los ateos más importantes del S. XX fue, sin duda alguna Anthony

Flew, filósofo Inglés que defendió a capa y espada que Dios no existía y utilizó una serie de argumentos en contra de la existencia de una fuente de poder, eterna y externa que originó todo, pues bien ese famoso personaje publicó en el año 2007 un libro llamado "Dios existe" en el cual explicaba que los argumentos sobre el origen de las leyes de la naturaleza, los orígenes de la vida y los orígenes del cosmos, lo llevaron a la conclusión de la existencia de un Dios y con sus propias palabras expresó: "En resumen, mi descubrimiento de lo divino ha sido una peregrinación de la razón y no de la fe"[1]

El teorema de Pascal.- Uno de los científicos y físicos más importantes de ¡ la historia ha sido sin duda alguna Blaise Pascal, quien atinadamente[1] expuso las conveniencias de creer o no creer en Dios desde un punto de vista aleatorio. El razonamiento de Pascal, es el siguiente:

Si uno cree en Dios y al final resulta que no existe, no pasa nada.

Si uno cree que Dios existe y al final resulta que si existe, saldrá ganando.

Si uno No cree en Dios y al final no existe, no pasa nada.

Si uno no cree en Dios y al Final existe usted habrá perdido.

En conclusión ya sea por medio de la razón, ya sea por un sentido de la lógica elemental, apegándonos a las leyes de la física o por mera conveniencia debemos de llegar a la conclusión que Dios existe.

---

1 Fuente: Antony Flew: "El caso de cómo el ateo más famoso del mundo terminó creyendo en Dios". Visible en el sitio web http://www.mires.cl/site/eaps/index.php/fotos-mires/noticias- mires/32-destacadas/134-el-caso-de-como-el-ateo-mas-famoso-del-mundo-termino-creyendo-en-dios .

CAPÍTULO DOS

"LA IGLESIA CATÓLICA TIENE MUCHO DINERO, DEBERÍA VENDER TODOS LOS TESOROS QUE TIENE Y DÁRSELOS A LOS POBRES"

Esta es, sin duda alguna la reclamación más recurrente que se le hacen a la Iglesia Católica. Prácticamente cada vez que se ve una imagen del Papa o del Vaticano por televisión, hay alguien que no deja pasar la oportunidad para acusar a la Iglesia Católica de ser una institución multimillonaria, que tiene muchísimos tesoros y una fuente inagotable de dinero.

Este tema en particular, lo he desarrollado en tres partes: La primera explicando cómo formó la Iglesia todos sus bienes, posesiones y tesoros; la segunda explicando cómo perdió la Iglesia la mayoría de sus riquezas y la razón de ello y la tercera dando razón de cómo se gasta la Iglesia Católica el dinero que recauda.

En primer lugar, hay que decir que la Iglesia que fundó Cristo se originó pobre y también perseguida, a toda persona que fuera sorprendida realizando culto cristiano se le mataba, se le detenía por orden del Emperador, se le azotaba e irremediablemente se le mataba. Con leones, crucificado, degollado, con lanzas, quemado o desollado, pero se le mataba.

Es, hasta el año 313, que el Emperador Constantino firma el edicto de Milán, una carta donde el Emperador autorizaba la libertad religiosa dentro del imperio, lo que permitió a los cristianos ofrecer culto. La verdad es que esa decisión no solo obedeció a la piedad y oración de Santa Elena, madre del Emperador, no se debió a una conversión del propio Constantino, aunque esta se diera con posterioridad. Tampoco lo fue, la visión que éste tuviera una noche antes de la batalla de Milvio ordenándole poner una cruz en sus estandartes y con ello asegurar su victoria (cosa que así sucedió). La razón fundamental fue que para esa fecha la población Católica en el imperio romano, había pasado de 40 mil, en el año 150 D.C. A más de seis millones de católicos, cuando la población general era de, aproximadamente, cincuenta millones de personas, más del diez por ciento de la población ya eran católicos y hay que tomar en cuenta que estaba prohibido serlo.

Constantino, aparte de su visión reveladora, no podía cometer el error político de ir en contra de más del diez por ciento de la población y entonces firma el famoso edicto de Milán, que autoriza la libertad religiosa, pero además, al ya no ser una minoría perseguida, se les otorga permiso tácito de donar, heredar, regalar todos los bienes que quisieran a su Iglesia. Siempre la donación ha sido la forma más importante de recaudación dentro de la Iglesia. Hay que recordar que desde esas épocas la gente ya construía templos fabulosos en honor a minerva o artemisa, a marte o júpiter y los ricos se gastaban verdaderas fortunas en quedar bien con sus ídolos. Bueno pues ahora los católicos ya podían hacer lo mismo. Así la Iglesia Católica inicia como cualquier otra institución a formar su patrimonio.

El tema de la riqueza de la Iglesia se explica por sí mismo desde un sentido histórico. A través de los siglos hubo cualquier cantidad de donaciones miles y miles de personas obsequiaron, regalaron o heredaron tierras, casas, joyas y obras de arte a la Iglesia, tal y como nuestros ancestros nos han dejado herencias familiares y nosotros dispondremos de nuestros bienes, para nuestros sucesores, así también la Iglesia recibió a lo largo de la historia, tierras, bienes y tesoros de todo el mundo. Otros bienes, los pagó o encargó directamente a grandes artistas como Miguel Ángel, Berllini o Da Vinci.

Con el paso del tiempo la Iglesia se expandió al igual que sus riquezas, con el descubrimiento de América y la evangelización en la nueva España grandes santos y monjes como San Junípero Serra y el Padre Fray Antonio Margíl de Jesús, entre muchos otros, se encargaron de construir templos, catedrales, escuelas, monasterios, hospitales, a lo largo de todo el continente americano.

Prueba de ello son los nombres que llevan aún, el día de hoy, poblaciones tan importantes como San Francisco, San Diego, San José, California, etc. La educación se encontraba a cargo de la Iglesia Católica y sus religiosos, así como también los hospitales, los leprosorios, los orfanatos y toda la caridad que se daba a los pobres. Por esa razón autoridades y personas en general dotaron a la Iglesia Católica de una gran cantidad de tierras y recursos y así, pudieran llevar a cabo tan grande empresa.

¿Qué pasó con toda esa riqueza?.- Llegamos pues al final del primer punto de este tema, el segundo punto que se pretende explicar es lo que pasó con toda esa riqueza que llegó a tener la Iglesia Católica, la respuesta es muy simple, se la quitaron. En todo el mundo y a través de toda la historia se suscitaron diversas guerras y revoluciones cuyo resultado, como común denominador fue la perdida de todo patrimonio que tuviese la Iglesia Católica. Para demostrar lo anterior recurriré por espacio de tiempo y espacio solo a dos ejemplos, Méjico y el Vaticano.

Méjico. En la nueva España, como en todo el mundo, el gobierno no se hacía cargo de la educación, muy pocos sabían leer y escribir, el gobierno no proporcionaba educación pública. Tampoco existían hospitales o beneficencia pública. No había imprentas, apenas se estaban inventando, hasta el año 1450, en Europa, los libros se reproducían en forma manuscrita. Todas esas actividades las brindaba la Iglesia Católica a través de los misioneros, sacerdotes, religiosas, etc. Por eso el gobierno de la Nueva España y el pueblo en general, como una forma de ayuda les proporcionó bienes y recursos para edificar escuelas, monasterios, templos, hospitales y conventos, para poder realizar todas esas actividades educativas, evangelizadoras y de caridad. Muchas familias fueron donando, regalando y heredando bienes y propiedades a la Iglesia para continuar con su labor hasta el siglo XIX.

Ya en el Méjico independiente, entre 1853 y 1855, existe un conflicto entre dos corrientes de pensamiento: conservadores y liberales, es decir la misma causa por la que se han iniciado todas las revoluciones del mundo. ¿Quiénes eran los conservadores y quienes son los liberales? Lo voy a explicar en boca del premio nobel de economía: Frederich August Von Hayec: *"El conservador sólo está tranquilo si piensa que hay una mente superior y una autoridad que todo lo vigila y supervisa; el liberal no necesita de ninguna autoridad controladora del cambio, sino que confía en las fuerzas autorreguladoras de la sociedad civil y del mercado"*. Es decir unos creen que hay un ser superior (Dios) que los vigila y los otros quieren creer que no existe Dios y que nosotros mismos nos regulamos. En el fondo unos creen en Dios y se supeditan a Él y los otros no se quieren supeditar a ningún Dios.

Como liberal y Presidente de la República Benito Juárez, impulsa la ley de Nacionalización de Bienes Eclesiásticos, la cual expropia todos los bienes de la Iglesia.

Libros, escritos de gran valor y obras de arte de las Iglesias fueron a parar a las hogueras de los soldados o terminaron en establos. En cien días, acabaron con tesoros artísticos e intelectuales que la Iglesia había protegido durante 300 años.

Francisco Mejía, fue el encargado de liquidar los bienes del clero secular y regular, las Iglesias y los objetos de valor que había en ellas. Años más tarde, el mismo Mejía reconoció que se vendieron en subastas públicas propiedades y valores, tanto de fincas urbanas y rurales, por cantidades ínfimas.[2]

Muchos de los recursos obtenidos por la expropiación de bienes a la Iglesia y a los indígenas, con las leyes de reforma fue para lograr el financiamiento de la guerra entre conservadores y liberales. De hecho el Plan de Juárez era solicitar al gobierno de Norteamérica cierta cantidad de dinero por la compra de parte del territorio nacional y el libre tránsito por varias partes del país y con ello obtener el financiamiento suficiente para ganar la guerra. Prueba de ello son, los tratados de Corwin-Doblado y Mc Lane Ocampo. Tratados propuestos por el gobierno de Juárez y que tenían como objetivo ceder, al vecino país del norte, toda la Baja California, Sonora, Chihuahua, el libre paso por el Istmo de Tehuantepec y vías de tránsito, entre frontera y el pacifico, así como la posibilidad de obtener préstamos por un millón de dólares otorgando como garantía todos los bienes expropiados a la Iglesia. Tratados que gracias a la negativa del congreso y en especial del Senado de los Estados Unidos de Norteamérica, no fueron autorizados por ese país y por lo tanto impidieron su ratificación por parte del presidente Juárez. Años más tarde, el 20 de octubre de 1893, Juan A. Mateos, lo declaraba así en la cámara de diputados y comentaba: "los egoístas intereses y exacciones de hoy, han dejado sin hogar a muchas familias que antaño gozaban de la tolerancia y caridad del clero, el cual estaba animado de un espíritu verdaderamente cristiano"[3]

El 6 de abril de 1862, Manuel Doblado, ministro de relaciones mexicano, firmó un tratado con el ministro norteamericano Thomas Corwin, en el que los Estados Unidos proporcionarían a México un préstamo por 11 millones de dólares,

---

2 "Historia de la Iglesia". Iglesia México Independiente. Eclesiología. Comonfort, Benito Juárez y las Leyes de Reforma. Visible en el sitio web http://es.catholic.net/op/articulos/9835/enviado9835.html#.

3 (Juárez intervencionista, autor Alfonso Junco, Editorial Jus, S.A., 1972, Segunda edición. Págs. 26, 67 y 94).

recurso que se destinarían al pago de parte de las reclamaciones europeas. Préstamos que se garantizaba con amplias extensiones de tierras pertenecientes a la federación y a los estados. Se incluía, además antiguas propiedades de la Iglesia Católica. Pero gracias a los propios problemas internos, que tenía el vecino país del norte, en su guerra de secesión, fue por decisión de ellos que no se realizara dicho préstamo impidiendo así la perdida de todo ese territorio.[4]

Después se acrecienta el problema entre conservadores y liberales y no tarda en desatarse la revolución mexicana. Se toma como base la constitución de 1857 y se crea la de 1917, influenciada por Venustiano Carranza (anticatólico declarado). Dicha constitución contenía el mismo espíritu anticatólico que su predecesora, por ejemplo: el art. 3° prohíbe a la Iglesia intervenir en la tarea educativa; en el artículo 24° se veta todo acto religioso fuera del recinto de los templos, en el numeral 27° se despoja a la Iglesia del derecho de poseer o administrar bienes y en el artículo 130° se priva a la Iglesia de personalidad jurídica y se le somete a la autoridad civil.

Nuevamente, el 14 de junio de 1926, el entonces Presidente de la república, Plutarco Elías Calles promulga una nueva ley llamada "la ley calles". Ley que entre otras cosas establece lo siguiente:

Artículo 1°. "Todos los ministros de la religión han de ser mexicanos por nacimiento.- La pena de los violadores será de $500.00 de multa o quince días de cárcel.- El Jefe del Ejecutivo tiene facultad de expulsar al trasgresor, sin más requisitos."

Artículo 2°. "Cualquiera que celebre actos de culto, es decir que administre los sacramentos, o predique sermones doctrinales podrá ser castigado con la pena anteriormente mencionada."

---

4 "El tratado corwin-doblado y la batalla de Richmond". http://www.inehrm.gob.mx/en/inehrm/El_Tratado_Corwin- Doblado_y_la_batalla_de_Richmond.

Artículo 3º. "Nadie puede enseñar religión en ninguna escuela primaria, aunque sea particular, bajo la multa de $500.00 o quince días de cárcel, pero una reincidencia amerita castigo más grave."

Artículo 4º. "Ningún ministro de ningún culto puede abrir o dirigir ninguna escuela primaria ni enseñar en ella.- Multa de $500.00 o cárcel de 15 días a los contraventores."

Artículo 6º. "En este artículo se prohíbe estrictamente emitir votos religiosos. Los monasterios y conventos deben ser disueltos y suprimidos.- Si los miembros dispersos de dichos monasterios volviesen a reunirse secretamente, serán multados y quedarán sujetos a la pena de uno o dos años de cárcel y a seis años al superior de ellos."

Artículo 8º. "Se castigará con seis años de reclusión al ministro de un culto, que de palabra o escrito afirme que lo prescrito en los artículos antirreligiosos de la Constitución no obliga en conciencia."

Artículo 9º. "Si a consecuencia de la declaración a que se refiere el artículo 8,- si diez personas protestaren, amenazaren o se valieran de la fuerza física o moral, quedarán sujetas a la pena de un año de cárcel y si entre ellas hubiere un sacerdote, éste sufrirá de seis años de prisión."

Artículo 10º. "Pena de cinco años al ministro de un culto que critique cualquier artículo de la Constitución, bien sea en público o en privado." **Artículos 14º y 15º**. "En ellos se suprime por completo la libertad de prensa en materia Religiosa, bajo amenaza de severos castigos."

Artículo 17º. "Todo acto público ha de efectuarse dentro del recinto de los templos, bajo pena de multa y cárcel.- El artículo 28 impone a la autoridades gubernamentales negligentes en hacer cumplir lo prescrito en esta ley, una multa de cien pesos, y la privación del cargo por un mes que será definitiva en caso de reincidencia."

Artículo 18º. "Prohíbe estrictamente a los ministros de ambos sexos de cualquier religión el usar vestido o hábito que los distinga como miembros de alguna religión o culto.- La multa de esto será de $500.00 o 15 días de cárcel.- Una reincidencia amerita castigo más severo.- El artículo 29 determina que si una autoridad municipal es remisa en urgir el cumplimiento del artículo 18 será castigada con $100.00 de multa y un mes de suspensión de su cargo.- Una reincidencia traerá la remoción definitiva de su cargo."

Artículo 22º. "Todos los templos son propiedad de la Nación y el Poder Federal decidirá cuáles podrán permanecer destinados al culto.- Todas las residencias episcopales, las casas cúrales, los seminarios, los asilos y colegios pertenecientes a asociaciones religiosas pasarán a la propiedad de la nación y el Gobierno Federal determinará a que usos ya Federales o de los Estados serán aplicados."

Artículo 38º. "Las autoridades municipales que permitan que un templo sea abierto sin el permiso previo del Gobernador del Estado, serán suspendidas seis meses en el ejercicio de su cargo, o totalmente privadas de él. Una copia de esta ley en caracteres legibles deberá fijarse en las puertas principales de los templos o en aquellos sitios donde se tienen ordinariamente actos religiosos."[5]

Esa ley y el excesivo abuso del poder al ejecutarla desencadenó la guerra cristera y desde luego más robos, abusos y asesinatos a sacerdotes, religiosos y católicos en general. El presi-

---

5 Título: ¿En qué consistió la infame Ley Calles de 1926? Autor: Agustín Martínez Avelleyra. Extraído del libro «No volverá a suceder», pp. 21-23. Visible en el sitio web https://Bibliaytradicion.wordpress.com/2011/06/27/en-que-consistio-la-infame-ley-calles-de-1926/.

dente Plutarco Elías Calles, "jefe máximo" de la Revolución de 1924 a 1928, reconoció, en una entrevista con el periódico londinense "Daily Express" a principios de 1928, que él había mandado fusilar a 50 sacerdotes.[6]

En conclusión, fueron las leyes de reforma diseñadas y ejecutadas por Benito Juárez y su gobierno, quien separó a la Iglesia del Estado, pero también quien separó a la Iglesia de todos sus bienes y posesiones. Todos los templos construidos antes de 1992, son ahora, propiedad del Estado.

La realidad, es que se trató de una persecución que inició el gobierno liberal, precisamente cuando la Iglesia no quiso perder autonomía. En sí, lo que Juárez decía, es que la Iglesia era un parásito robándole a la república, cuando era la Iglesia, por sí misma, la que sostenía gran cantidad de obras de caridad, hospitales y universidades.

En 1992, el Presidente de la República, Carlos Salinas de Gortari reforma el artículo 130º de la constitución y otorga personalidad jurídica a todas las Iglesias y credos, retoma relaciones diplomáticas con el Vaticano y se crea la ley general de bienes nacionales. Sin embargo, jamás se restituyó a la Iglesia de ninguna de sus propiedades, obras de arte o bienes expropiados. Todos los templos, propiedades y bienes de la Iglesia antes del año de 1992 son del Estado. Solo los bienes inmuebles que fueron construidos después de esa fecha pueden registrarse a nombre de la arquidiócesis.

El Vaticano. Como en Méjico y todos los países del mundo, los bienes propiedad del Papa y de la Iglesia Católica fueron disminuyendo, casi en su totalidad, principalmente a causa de la invasión napoleónica y las revoluciones, tanto francesa como italiana.

---

6 Revista proceso.
http://www.proceso.com.mx/459696/sacerdotes-asesinados-la-desacralizacion-lo-religioso.

Al producirse el derrumbamiento del Imperio romano de Occidente, la comunidad cristiana de Roma y su cabeza, el Papa, poseían amplios territorios extendidos por diversas regiones (Italia, Dalmacia, Galia meridional, África del norte) constituyendo el llamado "Patrimonium Petri" Las riquezas extraídas de su utilización y la explotación de estos bienes eran considerados como patrimonio de los pobres y se destinaban primordialmente a obras asistenciales y benéficas y al sufragio de las necesidades del mantenimiento del culto y sus ministros.

El Papa León III, hace amistad con el emperador Carlos Magno, en el año 764 aproximadamente, quien al vencer definitivamente a los lombardos y anexionarse su reino confirmó la donación hecha por su padre Pipino III a Roma e incluso amplió la extensión de sus dominios.

Con esta actuación, de León III, se sentaron las bases de una relación donde el Papa reconocía la soberanía del imperio temporal (incluso sobre el *Patrimonium Petri*) y la decisión del Imperio de reconocer en la Iglesia la fuente de toda potestad y poder en esos terrenos. A este territorio de la Iglesia se le llamó "Estados Pontificios". Resulta que alrededor de los estados pontificios se encontraban muchos reinos, en España había aproximadamente dieciocho y en Italia otros nueve, por lo menos, entre ellos había guerras y constantemente se atacaba a los territorios de la Iglesia que se defendían, sin mucho éxito. Napoleón invade Italia en 1797, en 1809 se apodera de los Estados Pontificios, secuestra al papa Pío VII y hasta la derrota de Napoleón es que se devuelven los territorios de la Iglesia al Papa, sin embargo, se le devolvieron mucho menos territorios de los que tenía. Mismos territorios que fueron adjudicados por el imperio austriaco.

Unos 20 años después de la revolución francesa, también anticatólica, estalló la revolución Italiana. En 1831, el mismo año en que era nombrado Papa Gregorio XVI, estalló un levantamiento en Módena, seguido de otro en Reggio y poco después en Bolonia. En cuestión de semanas, todos los Estados Pontificios ardían en la hoguera revolucionaria y se proclamaba un Gobierno provisional. Italia estuvo envuelta en muchas guerras, principalmente contra Austria, había mucha división, le retiraron al Papa todo su poder temporal y finalmente disolvieron todo territorio o Estado pontificio.

Fue hasta el 11 de febrero de 1929, que el Papa Pio XI y Benito Mussolini firman el tratado de San Juan de Letrán y de todos los territorios que eran de la Iglesia, cuya capital era toda Roma, se le otorgan 44 hectáreas, donde actualmente se conforma la ciudad del Vaticano.

Queda claro con estos dos simples ejemplos que la Iglesia Católica, que todo el mundo cree que es inmensamente rica fue constantemente despojada de cada cosa que tenía, la Iglesia Católica no tiene ni cuenta con las propiedades, bienes o riquezas que llegó a tener legítimamente. Ahora son propiedad de los distintos gobiernos donde se encuentran.

La Iglesia y sus tesoros.- Por lo que se refiere a las joyas, obras de arte y reliquias que guarda la Iglesia dentro del museo del Vaticano, hay que decir que no es un tesoro más grande que el que tiene el museo de Louvre en París, o el del museo británico en Londres, ni el del museo del prado en Madrid. Económicamente hablando. Quien haya tenido la oportunidad de visitar estos lugares, sin duda me darán la razón. Son incluso más grandes en dimensión y lujo. ¿Por qué no le pedimos a esos museos que vendan sus piezas a los ricos del mundo y así ayuden a los pobres? La respuesta es muy simple y se basa en tres razones principales: Porque vendiendo todo lo que tienen no terminarían con la pobreza mundial ni siquiera por un día, porque las maravillas que exhiben son para el gozo y disfrute de toda la humanidad y por qué el dinero que se recauda sirve para su propio mantenimiento y para realizar diversas obras de caridad.

Las recaudaciones de la Iglesia Católica.- Por lo que respecta a las limosnas y donaciones que se entregan en cada una de las Iglesias en todo el mundo hay que admitir que sí se maneja mucho dinero, pero nada semejante a lo que la gente piensa, La revista «Fortune», especializada en temas económicos, ha publicado un artículo en donde desmintió lo de las «grandes riquezas del Vaticano» y de hecho aseguró que toda la riqueza de la Iglesia, incluidos bienes, fondos de inversión y cuentas en el banco del Vaticano ni siquiera se encuentra dentro de las 500 fortunas más ricas dentro de su famosa lista «Fortune 500».[7]

Es decir, es una riqueza muy por debajo de los estándares señalados por los atacantes de la Iglesia. Por otro lado se debe decir que cada Diócesis en el mundo es independiente del Vaticano, financieramente hablando. Cada una realiza sus propias actividades económicas y cada una manda el dinero que puede al Vaticano para los programas de caridad de la Iglesia. Hasta aquí el segundo punto de este tema.

Ahora referente al tercer y último punto. **"¿En *qué se gasta la Iglesia el dinero que recauda?*"** es importante decir, que todas esas donaciones que llegan, a través de las diferentes diócesis u organizaciones, sin fin de lucro, al banco del Vaticano, son públicas. Según datos publicados por la Agencia Fides actualizados al 31 de diciembre de 2014 se da cuenta de las obras de caridad que realiza la Iglesia Católica con el dinero que recibe:

"Institutos sanitarios, de beneficencia y asistencia.- *Los institutos de beneficencia y asistencia administrados en el mundo por la Iglesia engloban:*

5,158 hospitales con mayor presencia en América (1,501) y África *(1,221);*

---

7 Revista Fortune desmiente mito de "grandes riquezas" del Vaticano, visible en el sitiop web www.aciprensa.com/noticias/revista fortune desmiente mito de grandes riquezas del Vaticano 48091.

16,523 dispensarios, la mayor parte en África (5,230), América (4,667) y Asia (3,584); 612 leproserías distribuidas principalmente en Asia (313) y África (174); 15,679 casas para ancianos, enfermos crónicos y minusválidos la mayor parte en Europa (8,304) y América (3,726); 9,492 orfanatos en su mayoría en Asia (3,859); 12,637 guarderías con el mayor número en Asia (3,422) y América (3,477); 14,576 consultorios matrimoniales, en gran parte en Europa (5,670) y América (5,634); 3,782 centros de educación o reeducación social y 37,601 instituciones de otros tipos."[8]

Otras organizaciones financiadas por la Iglesia Católica. También existen diversas organizaciones de caridad que financia la Iglesia Católica. Por ejemplo:

Cáritas International. Es una confederación de 162 organizaciones Católicas de asistencia, desarrollo y servicio social, que trabaja en la construcción de un mundo mejor para los pobres y oprimidos, en más de 200 países y territorios.

Caritas trabaja sin tener en cuenta la confesión, raza, género o etnia, de sus beneficiarios, y es una de las más amplias redes humanitarias de todo el mundo.

Algunas de las acciones recientes de Caritas:

✓ Haití: Caristas Internacional ha atendido 2,3 millones de damnificados (12-07- 2010).

✓ Caritas España afronta la grave crisis de alimentos en Burkina Faso y Níger (21- 07-2010).

✓ Caritas España financia proyectos para 537.000 personas (28-07-2010).

---

8 VATICANO - Las Estadísticas de la Iglesia Católica 2016. Visible en el sitio web http://www.fides.org/es/news/61026.

✓ Cáritas España da trabajo a casi 15 mil personas (2-05-2010).

✓ Cáritas Chile lanza un plan de ayuda para 542.000 damnificados (26-03-2010).

✓ Cáritas saca del hambre a 70.000 personas en Somalia (18-02-2010)

✓ Se han enviado 13 toneladas de ayuda humanitaria a Cuzco (1-02-2010).

✓ Cuatro años tras el gran tsunami, Cáritas ha destinado 373 millones de euro en programas a favor de las víctimas (23-12-2008).

✓ Decisivo papel de Cáritas Perú, en la ayuda a damnificados del terremoto (20- 08-2007).**Cáritas Perú lanza un plan para atender a 50,000 personas durante 9 meses (31-08-2007).**

✓ Red Cáritas EEUU ayuda a damnificados de Katrina (6-09-2005).

Misioneras de la Caridad. Es una orden religiosa Católica fundada por la Madre Teresa de Calcuta en el año 1950, cuya finalidad es ayudar a los más pobres. Actualmente cuenta con aproximadamente 4500 monjas en más de 133 países que hacen los votos de pobreza, castidad y obediencia más un cuarto voto de servicio libre y de todo corazón a los más pobres de entre los pobres. Los Hermanos de las Misioneras de la Caridad se fundan en 1963, y una rama contemplativa de las Hermanas se crea en 1976. En 1984 la Madre Teresa fundó junto al Padre Joseph Langford, los Padres Misioneros de la Caridad. Las Misioneras ayudan a refugiados, ex prostitutas, enfermos mentales, niños abandonados, leprosos, víctimas del "sida" ancianos y convalecientes. Tienen escuelas atendidas por voluntarios para educar a los niños de la calle, comedores de caridad, y proveen otros servicios de acuerdo con las necesidades de la comunidad. Solo en Calcuta existen 19 casas que acogen hombres y mujeres necesitadas, niños huérfanos, enfermos de "sida" una escuela de niños de la calle y una colonia de leprosos. Estos servicios son proporcionados a la gente sin tener en cuenta su religión.

Salesianos de Don Bosco. La obra salesiana en el mundo busca prestar un servicio a los jóvenes pobres, abandonados y en peligro, según el camino recorrido a finales del Siglo XIX en el norte de Italia por San Juan Bosco, "Don Bosco" como es más popularmente conocido. Don Bosco sintió el llamado a vivir esta vocación desde un servicio sacerdotal y paulatinamente fue experimentando diversas iniciativas a favor de estos jóvenes, golpeados duramente el proceso de industrialización creciente de la época. Así, las obras emprendidas iban desde la asistencia directa proporcionándoles comida, casa, ropa, hasta la promoción integral, organizando escuelas ycentros de atención, prevención y recreación, naciendo así "la obra de Don Bosco". En 1888, año de la muerte de Don Bosco, había 773 Salesianos y 276 novicios. En la actualidad los Salesianos son 16,568 y están presentes en 128 naciones entre las cuales las primeras cinco, en número de salesianos son: Italia (2,669), India (2,261), España (1,297), Polonia (1,025) y Brasil (799). Tienen una vasta red de obras que incluyen colegios, centros juveniles, parroquias, centros de atención al niño de la calle, centros misioneros y cooperación con organizaciones oficiales y no gubernamentales en beneficio de la juventud más necesitada. La Familia Salesiana está conformada por un gran número de institutos entre religiosos y laicos de los cuales los principales son la Sociedad de San Francisco de Sales, las Hijas de María Auxiliadora, la Asociación de Salesianos Cooperadores y la Asociación de Exalumnos Salesianos.

Fe y Alegría. Es un "Movimiento de Educación Popular Integral y Promoción Social" cuya acción se dirige a sectores empobrecidos y excluidos para potenciar su desarrollo personal y participación social. Nace en Venezuela el 5 de marzo de 1955 cuando se abrieron las puertas de la primera escuela de Fe y Alegría en una barriada marginal del oeste de Caracas, gracias a la generosidad de Abraham Reyes, un humilde albañil que cedió su propia vivienda para acoger a los niños de la zona. Así comienza la evolución de lo que es hoy el "Movimiento Internacional de Educación Popular Integral y Promoción Social Fe y Alegría". El Movimiento se extendió luego a Ecuador (1964), Panamá (1965), Perú (1966), Bolivia (1966), El Salvador (1969), Colombia (1971), Nicaragua (1974), Guatemala (1976), Brasil (1980), República Dominicana (1990), Paraguay (1992), Argentina (1995), Honduras (2000), Chile (2004) y Haití (2006). En 1985 se establece Fe y Alegría en España como una plataforma de apoyo a los países latinoamericanos y de difusión del trabajo del Movimiento en Europa; desde 1999 se redefine su misión para asumir nuevos retos en el campo de la cooperación al desarrollo, con el nombre de Fundación Entreculturas-Fe y Alegría. Son ya 17 el número de países donde operan organizaciones nacionales de Fe y Alegría asociadas como Federación Internacional. Además, en Italia se tiene una extensión del Instituto Radiofónico (IRFE-YAL) de Ecuador. Para el 2006, los alumnos y participantes atendidos llegaron a 1'364,077. El número descontando los registrados en más de un programa es de 938,458. Se opera con una red de 1,603 puntos en los que funcionan 2,796 unidades de servicio: ,135 son planteles escolares, 56 emisoras de radio, 506 centros de educación a distancia y 905 centros de educación alternativa y servicios. En Fe y Alegría trabajan 37,909 personas, el 97,7% laicos y 2,3% miembros de congregaciones religiosas. Esta cifra no incluye a centenares de colaboradores voluntarios en los distintos países. La cifra de personas a las que llega la acción del Movimiento bien pudiera estar por los siete millones al año. Además de la educación escolarizada en preescolar, básica y media, se ha abierto espacio a otras formas de acción para la promoción humana, como son: las emisoras de radio, los programas de educación de adultos, capacitación laboral y reinserción escolar, la formación profesional media y superior-universitaria, el fomento de cooperativas y microempresas, así como proyectos de desarrollo comunitario, salud, cultura indígena, formación de educadores, edición de materiales educativos, entre otros.

Manos Unidas. Es una Organización No Gubernamental para el Desarrollo (ONGD) Católica, de voluntarios, que desde 1960 lucha contra la pobreza, el hambre, la malnutrición, la enfermedad, la falta de instrucción, el subdesarrollo y contra sus causas. Nació como una campaña puntual contra el hambre y a partir de 1978 adquirió plena personalidad jurídica, canónica y civil, como organización, pasando a denominarse "Manos Unidas". Para cumplir su objetivo financia proyectos de desarrollo en los países del Sur y realiza campañas de sensibilización en nuestro país.

Solamente en el año 2008 aprobó 774 proyectos de desarrollo en África, América, Asia y Oceanía (Ver Proyectos de Manos Unidas año 2008)[9]

En conclusión se puede asegurar que la Iglesia Católica cuenta con un patrimonio importante, pero que no es ni la sombra de lo que llegó a tener y después se le quitó a causa de las guerras y revoluciones que la despojaron de la mayor parte de su patrimonio. La Iglesia cuenta con un museo y muchos bienes producto de donaciones o regalos de personas y otras naciones, también recibe grandes cantidades de dinero para sustentar todas las obras de caridad que lleva a cabo. Simplemente la Iglesia Católica es la institución que más obras de caridad realiza en todo el mundo.

---

9 "Las buenas obras de la Iglesia Católica" visible en el sitio web
http://es.catholic.net/op/articulos/62428/catholic- net.
html?fb_comment_id=1071499482888557_1634475003257666#f257b6ce9a7289.

CAPÍTULO TRES

"LOS SACERDOTES SON MUY MALOS COMETEN MUCHOS PECADOS ¿COMO VOY A CONFIAR EN UNA IGLESIA CON SEMEJANTES SACERDOTES Y MENOS PARA CONFESARLE MIS PECADOS? ¿QUE AUTORIDAD MORAL TIENEN?"

En efecto, hemos oído y escuchado infinidad de veces que los sacerdotes son muy malas personas, principalmente en el sentido sexual, homosexuales, pederastas, borrachos, etc.

Si partimos de esta premisa, dicen, los que argumentan este hecho "¿cómo vamos, en primer lugar a respetar a una persona que puede ser un religioso de esta clase, que tiene una vida pública aparentemente sana, pero que pueda ocultar un lado oscuro de drogas, sexo, alcohol u homosexualidad?"

Y, en segundo lugar, continúan diciendo, "mucho menos podemos confesarnos con una persona que puede ser más pecador que nosotros." "¿Con que autoridad moral nos va a perdonar los pecados?" En otras palabras "¿quién es él para perdonar los pecados?" "¿Por qué es necesario confesarnos con un sacerdote y más siendo, éste, un pecador?"

En ese sentido van dirigidos los planteamientos y ataques de personas que han conocido algún sacerdote o religioso de éstos.

Para empezar, si ustedes son verdaderos católicos instruidos en la fe y en la religión Católica, jamás deben intentar probar lo contrario a lo sostenido en esos cuestionamientos, por la simple razón de que los anteriores argumentos son totalmente ciertos. Las dudas de esas personas están fundamentadas en casos concretos de sacerdotes que fueron descubiertos en conductas inapropiadas. Esos razonamientos tienen sustento al decir que una persona así, no tiene la autoridad moral para perdonar los pecados, de hecho

¡NO LA TIENEN!

Cuando recibo esta clase de cuestionamientos yo suelo contestar con la siguiente explicación:

Primero.- Dios perdona los pecados, pues es Él, el único ser capaz de hacerlo, puesto que es nuestro Creador y creador de todo. En el nuevo testamento Jesús, que es Dios en la Segunda Persona de la Trinidad también perdonó los pecados, esto se encuentra en la Biblia, documentado por testigos oculares de los hechos, mediante su narración y posterior plasmación por escrito. Por ejemplo: Con ocasión de la curación del paralítico, a quien introdujeron en la casa donde estaba Jesús, por un agujero en el techo, Él, afirma en tono casi desafiante: *"Pues para que veáis que el Hijo del hombre tiene poder en la tierra para perdonar los pecados se dirige al paralítico, yo te digo: Levántate, toma tu camilla y vete a tu casa"* (Mc 2, 10-11).

Por cierto la connotación "Hijo del hombre" siendo hijo de Dios" es en sí mismo otro cuestionamiento, pues resulta aparentemente incongruente, ya que él fue concebido por obra del Espíritu Santo, no de San José, lo que pasa es que la expresión "hijo del hombre" viene del antiguo testamento, de una visión que tiene el profeta Daniel (Dan 7-14) que explica como vio venir del cielo entre nubes a un hombre que parecía "hijo de hombre" y al que le fue dado todo poder y gloria por los siglos de los siglos. Y en el libro de Ezequiel se establece varias veces la frase "Hijo de hombre". Lo que pasa es que en hebreo, lenguaje original en que fue escrito el Antiguo Testamento "hijo de hombre" se dice Ben-admm, (hijo de adán) y eso era lo que quería decir Jesús al referirse a sí mismo como hijo de hombre, quería resaltar que no solo era Hijo de Dios, sino que tenía naturaleza 100% humana y 100% divina.

Bueno, de regreso con nuestro tema hay que decir que en (Lc. 7,47) frente a una mujer pecadora Jesús dijo: "*Sus pecados, sus numerosos pecados le quedan perdonados, por el mucho amor que mostró*".Puesto que Jesús es Dios y Dios no puede mentir debemos de entender que Jesús, el Hijo del hombre tenía poder para perdonar los pecados.

Segundo. Jesús, al tener poder para perdonar pecados, tenía el poder necesario para transmitir, literalmente, esa facultad a sus discípulos y como tenía ese poder y era conveniente trasmitírselos, así lo hizo: (Jn. 20, 22-23*). "El mismo día de la Resurrección, Jesucristo se apareció a los discípulos, sopló sobre sus cabezas y les dijo: «Reciban el Espíritu Santo. A quienes perdonen los pecados, les quedarán perdonados y a quienes se los retengan, les quedarán retenidos."*

Tercero. El poder de perdonar los pecados no era solo para los discípulos, sino también para sus sucesores, por varias razones:

La primera es bíblica en (Mt. 28 -20) se dice: "*sepan que yo estoy con ustedes todos los días hasta el fin del mundo*". Luego entonces sabemos que los discípulos no eran inmortales, todos murieron, por lo tanto o Jesús mentía, lo cual, como ya he dicho es imposible o se refería a que Él estaría con todos sus discípulos y los discípulos sucesores de éstos. Sucesión que se hace evidente en varias partes del nuevo testamento donde se manifiesta expresamente que los apóstoles, impusieron las manos a otros elegidos como ministros de los Sagrados Misterios, sucesores apostólicos hasta nuestros días. (Hech. 6,6; y 14-22; I Tim. 4,14 y II Tim. 1,6). Cabe aclarar que la palabra apóstol es la palabra griega para decir "enviado". Es decir, cuando Jesús se aparece ante sus discípulos el domingo, justo después de resucitar, antes de soplar sobre ellos para que recibieran el Espíritu Santo dice: "*como el Padre me envió a mí, así yo los envío a ustedes, a quienes descarguen de sus pecados, les serán liberados, a los que los retengan, les serán retenidos."* (Jn. 20,21):

La segunda razón es por justicia, si Jesús, nada más concedió el poder para perdonar pecados a sus primeros discípulos, únicamente se perdonaría a cierto número de personas de aquella época y no se perdonaría a ninguna otra, esa medida sería totalmente injusta y Dios es infinitamente justo por lo tanto también queda descartada esa posibilidad.

Y la tercera razón es lógica, si Jesús quería fundar una Iglesia *"Tú eres Pedro y sobre esta Piedra edificaré mi Iglesia"* y comenta que los poderes del mal no prevalecerán sobre esa Iglesia (Mt. 16-18)) les envía a publicar su palabra a todos los rincones de la tierra soplando, sobre ellos el Espíritu Santo y dándoles el poder para perdonar pecados (Jn. 20,21) y dice que Él estará con ellos (apóstoles) hasta el fin de los tiempos (Mt. 28-20) se refería, necesariamente, a una sola Iglesia que perduraría hasta el fin del mundo y esa Iglesia única, sería representada por hombres que siempre contarían con la presencia real de Cristo y con el poder del Espíritu Santo para bautizar en su nombre, perdonar pecados, convertir pan y vino en Cuerpo y Sangre de Jesucristo y transmitir, todo este poder, a través de sus manos a otros que por sucesión harían lo mismo.

Todo esto, se sustenta, como ya se ha dicho, dentro del nuevo testamento y a lo largo de las cartas de san Pablo a Timoteo y en el relato de *"hechos de los apóstoles"* escrito por san Lucas cuando hablan sobre la necesidad de que los discípulos impusieran las manos a los Diáconos, para que la gente pudiera recibir al Espíritu Santo. Entonces, si no se trasmitía ese poder de perdonar y de bautizar, no debería ser necesaria la imposición de manos de discípulos (Obispos) a diáconos.

En conclusión, Los sacerdotes desde los tiempos de Jesús hasta la actualidad tenían y tienen el poder de perdonar los pecados y es la única forma de que nuestros pecados queden perdonados. Así de simple. De lo contrario no hubiese sido necesario que se les concediese ese poder de perdonar, si solo bastaba confesar nuestros pecados de manera íntima entre no-sotros y Dios, era inútil que Jesús, les concediera ese poder a sus discípulos.

Pero entonces ¿los sacerdotes perdonan los pecados por si solos y por su propio poder? ¡Por supuesto que no! Ellos son representantes de Dios aquí en la tierra y como yo sé que esta frase es muy trillada la voy a explicar en términos lega-les. Yo estoy casado bajo el régimen conyugal de separación de bienes y la casa donde mi esposa Lucía y yo hemos formado nuestro hogar está registrada a nombre de ella, es decir, Lucía puede disponer libremente de esa propiedad, lo que me obliga, necesariamente a siempre amanecer con una amplia sonrisa y decirle te amo, mi amor, todos los días de mi vida.

Bueno, ella siendo dueña de la casa donde vivimos, puede otorgarme a mí un poder notarial para actos de administración y de dominio, sobre esa casa. Entonces, en ese poder se me faculta, ante notario para que yo pueda hacer actos de admi-nistración como rentarla o de dominio como sería el caso de venderla. Yo no soy el dueño de la casa, pero si tengo un poder notarial firmado por la dueña de la casa para que yo haga lo que quiera, respecto a ese inmueble ¡a su nombre y en su representación! yo no soy el dueño, pero cuando realizo algún acto sobre aquella casa es como si lo hiciera mi esposa.

Entonces cada vez que nosotros nos confesamos acudimos con un sacerdote, no porque él tenga el poder autónomo del perdón de los pecados o porque él, sea el dueño del cielo o de la tierra, lo hacemos porque él es el representante, el apode-rado general de Dios para esos actos. Cuando nos confe-samos con él es como si lo hiciéramos ante Dios, cuando él impone una penitencia es Dios a través de su representante legal quien nos la impone y cuando el padre nos absuelve es Dios mismo, a través de su apoderado quien lo está haciendo. Por eso quedan perdonados nuestros pecados, porque es Dios mismo el que otorgó ese "*poder notarial*" a sus discípulos y a sus sucesores para perdonar por él, nuestros pecados.

Ese argumento lo utilizo con algunos protestantes cuando les explico el por qué, si fuese posible confesarse solos y directamente con Dios resultaría inútil las palabras de Jesús a sus apóstoles cuando de manera literal les da poder para perdonar pecados. Si no era necesario, si con el solo hecho de arrepentirnos de nuestros pecados a solas, sin la presencia de un sacerdote fuésemos perdonados no había necesidad de dar ese poder a sus apóstoles y Dios, como ya he dicho no puede equivocarse porque Dios es perfecto y si hiciera algo mal o inútil no sería perfecto y por lo tanto no sería Dios.

Una vez establecido el hecho del por qué no solo es conveniente sino necesario confesarnos ante un Sacerdote, debidamente ordenado, ahora voy a explicar por qué, en nada importa que tan pecador sea ese sacerdote.

Volviendo al ejemplo anterior sobre el poder notarial, si yo soy apoderado legal de una persona, en este caso mi esposa, no significa que yo tenga los mismos gustos, aficiones, fobias, defectos o virtudes que ella, en ese sentido yo puedo ser todo lo contrario a ella, yo puedo ser gordo y ella delgada, yo puedo fumar y ella ser muy deportista, a mí me encantan las armas de fuego y a ella bailar. A lo que voy es que podemos ser totalmente diferentes y con formas de ser, totalmente opuestas, pero eso no implica que yo no pueda actuar a su nombre y representación en lo que respecta a nuestra casa. No por el hecho de que yo sea buena o mala persona o sea muy diferente a ella, los actos que realice a su nombre no van a tener validez, eso no altera en nada el acto legal que yo realice a nombre de ella. Pues lo mismo pasa con la representación de Dios por medio del sacerdote, no importa que tan malo o bueno sea el sacerdote, él cuenta con un poder "notarial" especialísimo que no otorgó ningún notario, fue Dios mismo (a través del Espíritu

Santo) el que lo concedió, desde los primeros discípulos y ellos subsecuentemente a los siguientes y así sucesivamente hasta los sacerdotes de hoy en día. Ese poder no existe en función de lo bueno, santo, malo, activo, flojo, gordo o flaco que sea el sacerdote. Tiene el mismo poder el sacerdote más santo que el más malo, por la simple razón que no depende de él mismo, sino del sacramento del orden sacerdotal y de la imposición de manos que el Obispo realizó, en ceremonia solemne sobre el sacerdote, otorgándole, a través del Espíritu Santo, el poder y mandato de perdonar los pecados.

Entonces, ya sabemos que, por un lado, Dios, cuando fundó su Iglesia otorgó el poder a determinadas personas a las que llamamos sacerdotes de perdonar los pecados en representación de él, que ese poder se transmitió a través de los siglos por medio de la imposición de las manos a los sacerdotes actuales y que dichos sacerdotes no modifican el mandato por la cantidad de pecados que cometen, pero falta algo aún, falta saber ¿por qué en nuestra Iglesia existen malos sacerdotes? ¿Por qué no todos son santos? ¿Por qué existen sacerdotes que hacen cosas terribles?

La respuesta es muy simple, porque no existe en la tierra una sola persona que esté libre de pecado, únicamente Jesucristo y por redención especialísima la Virgen María, son los únicos, en toda la historia de la humanidad que han sido preservados de todo pecado, de ahí en fuera todos los seres humanos somos pecadores (Rom. 3-23). Entonces ¿por qué nos alarma que haya sacerdotes malos? Jesús nos enseñó que el no vino para salvar a los Justos sino para salvar a los pecadores (Mc. 2-17). Y también dice el que esté libre de pecado que tire la primera piedra (Jn. 8-7). Tampoco es que Dios nos esté dando un permiso especial o licencia para pecar, si seguimos leyendo el evangelio de Juan, cuando Jesús perdona a la pecadora en (Jn. 8, 11) también le advierte: *"Vete Y NO PEQUES MÁS"*. Entonces, todos, sacerdotes y laicos nos sabemos pecadores, pero no por eso debemos de conformarnos con el pecado y no tratar de mejorar con todas nuestras fuerzas. La mujer pecadora (María de Magdala) fue perdonada por Dios, pero salvada porque no volvió a pecar.

No hay nada de nuevo en los pecados de los sacerdotes ni de los católicos.- En el año 1200, época difícil para la Iglesia Católica por el Cisma de Oriente, que dividió a la Iglesia Occidental y a la ortodoxa en el año 1054 y de muchos escándalos sacerdotales, san Francisco de Asís fue cuestionado por uno de sus Hermanos frailes, quien le preguntó: ¿qué harías si supieses que *el sacerdote que está oficiando la Misa tiene a su lado tres concubinas?* San Francisco contestó sin dudar: *"Cuando llegara la hora de la Sagrada Comunión, iría a recibir el Sagrado Cuerpo de mi Señor de las manos ungidas del sacerdote."* ¿A dónde quiso llegar san Francisco? Él, quiso dejar en claro una verdad formidable de la fe y un don extraordinario del Señor. Sin importar cuán pecador pueda ser un sacerdote, siempre y cuando tenga la intención, por ejemplo, cambiar el pan y el vino en la Carne y la Sangre de Cristo o en la confesión, absolver pecados, puede hacerlo, sin importar cuán malo sea en lo personal.

Es Cristo mismo quien actúa en los sacramentos a través de ese ministro. Ya sea que el Papa celebre la Misa o que un sacerdote condenado a muerte por un crimen celebre la Misa, en ambos casos es Cristo mismo quien actúa y nos da su cuerpo y su sangre. Así que lo que Francisco estaba diciendo, en respuesta a la pregunta de su hermano religioso, al manifestarle que él recibiría el sagrado cuerpo de su Señor, de las manos ungidas del sacerdote, es que no iba a permitir que la maldad o inmoralidad del sacerdote lo llevaran a cometer suicidio espiritual. No iba a permitir que eso acabara con su fe.

Entre el año 1492 y 1503 Martín Lutero fue a Roma a ver al Papa Alejandro VI, un hombre pecador, sin duda. Por obra del Espíritu Santo no podía enseñar nada contra la Fe, pero tuvo nueve hijos con seis concubinas diferentes y realizó acciones terribles en contra de los que consideraba sus enemigos, Lutero estaba espantado de que alguien tan malvado fuera el Vicario de Cristo. En ese entonces, muchos sacerdotes vivían casi abiertamente con mujeres. Lutero se regresó a Alemania, fundó su propia Iglesia sectaria de los protestantes y muchos nuevos santos surgieron para defender a la Iglesia Católica.

Uno de ellos fue San Francisco de Sales quien visitó Suiza y Alemania. Varias veces golpeado, atacado y dado por muerto, cuando fue cuestionado de cómo se podía defender los escándalos de sus hermanos sacerdotes, su explicación fue muy simple, Dijo: *"Aquellos que cometen ese tipo de escándalos (sacerdotes) son culpables del equivalente espiritual a un asesinato, destruyendo la fe de otras personas en Dios con su pésimo ejemplo"*. Pero al mismo tiempo advirtió a sus oyentes: *"Pero yo estoy aquí, entre ustedes, para evitarles un mal aún peor. Mientras que aquellos que causan el escándalo son culpables de asesinato espiritual, los que acogen los*Mitos y Realidades de la Iglesia Católica *escándalos, los que permiten que el escándalo destruyan su fe, son culpables de suicidio espiritual."*

Hace unos 200 años. El emperador francés, Napoleón engullía con sus ejércitos a los países de Europa con la intención final de dominar totalmente el mundo. En aquel entonces dijo una vez al Cardenal Consalvi: *"Voy a destruir su Iglesia"* El Cardenal le contestó: *"No, no podrá"*. Napoleón, con sus 150 centímetros de altura, dijo otra vez: *"¡Voy a destruir su Iglesia!"*. El Cardenal dijo confiado: *"No, no podrá. !Ni siquiera nosotros hemos podido hacerlo!"*. Si los malos Papas, los sacerdotes infieles y miles de pecadores en la Iglesia no han tenido éxito en destruirla desde su interior -le estaba diciendo implícitamente al general- ¿cómo cree que Ud. va a poder hacerlo?

Desde hace dos mil años existe y seguirán existiendo grupos que persigan a la Iglesia Católica y estarán pendientes de aquellos que cometan cualquier falta para inmediatamente hacerlas virales por internet o noticias de ocho columnas. No voy a justificar las faltas y los pecados de los sacerdotes, sobre todo los casos relacionados con crímenes sexuales, los hay, se han dado, el propio Papa Francisco a pedido perdón a nombre de esos malos sacerdotes, estoy consciente que no se debe encubrir a nadie y si alguien comete una falta o un delito debe pagar por ello y afrontar sus consecuencias, sin excepción.

Pero el aceptar eso no significa que debamos de perder la fe en la Iglesia Católica que es columna y fundamento de la verdad (1 Tim. 3-15) que fue fundada por Dios mismo hecho Jesucristo, solo porque algunas personas son malas. También hay excelentes sacerdotes, me consta, hombres santos, pero a nosotros no nos ha sido dado el don de leer las almas de las personas, entonces en vez de criticar a los hombres imperfectos y humanos que conforman la Iglesia, defendamos la promesa que Jesús nos hizo en (Mt. 16-18) los poderes del mal no prevalecerán sobre ella.

Suicidio espiritual de Lutero. Martín Lutero en 1517 estaba en contra de cómo vivían algunos sacerdotes y Obispos de la Iglesia. Lo que lo hizo enojar más fue que se concedieran indulgencias (perdón por las penas temporales que hay que pagar en el purgatorio). Eso fue el motivo por el cual Martín Lutero decidió escribir 95 tesis en contra de esas Indulgencias, un 31 de octubre de 1517, en esas tesis ataca la existencia de la posibilidad de la Iglesia de poder acortar las penas temporales a cambio de dinero o bienes. Lo cierto es que todas las personas podemos obtener perdón o disminución parcial de las penas temporales. Teológicamente se ha explicado que las procesiones, recibir la Eucaristía, las obras de caridad, el mismo rezo del Santo Rosario. Todo ello, realizado, con esa intención disminuye parcial o totalmente las penas temporales. No era que se comprara el perdón del cielo con un pago de dinero, era que el ayudar a la construcción de la Basílica de san Pedro era considerado una gran obra de caridad y por eso se ganaban indulgencias. Lutero no lo entiende así y escribe sus 95 tesis en contra de las indulgencias, jamás en contra de la Iglesia, Jamás en contra de la Virgen o de las creencias fundamentales del catolicismo. La Iglesia trato de buscarlo y dialogar con él. Lo invitaron varias veces a participar en el concilio de Trento y dirimir diferencias, pero, en vez de acercarse y conciliar decide desconocer al Papa, decide mutilar y cambiar la Biblia para apoyar una nueva creencia religiosa, totalmente incongruente y disparatada. Como se puede ver, no fueron las indulgencias lo que hizo separar a Lutero del catolicismo. Cuando él, estaba en contra de las indulgencias, la Iglesia estaba en un mal momento, después, se realizó el famoso concilio de Trento y se corrigieron muchas cosas que estaban mal dentro de la Iglesia.

Sin embargo, Lutero no asistió a ese concilio, renegó del Papa, del catolicismo, se negó a conciliar y negó los sacramentos de la Iglesia, por lo tanto fue excomulgado de la Iglesia Católica el tres de febrero de 1521. ¿Por qué cambió, tan radicalmente de idea? Es un misterio, pero todo empezó cuando cometiendo suicidio espiritual empezó a juzgar a la Iglesia Católica por las actividades indebidas e ilícitas que realizaban algunos sacerdotes y Obispos, de ese entonces y después, todo se vino abajo. Martín Lutero cometió suicidio espiritual en 1517 y según testimonio presencial de Ambrosio Kudfeld, hombre de confianza de Lutero, suicidio físico por ahorcamiento en Febrero de 1546.

No cabe duda que el sacerdocio es un regalo maravilloso que Dios instituyó para guiar a su rebaño por el camino correcto. Sin ellos, nos perderíamos irremediablemente de nuestro fin principal que es la unión con Dios. Son los sacerdotes las personas que por vocación divina y por el poder especial conferido por Jesucristo nos pueden bautizar, confesar y dar a comer su Cuerpo y su Sangre. No podemos perder estos incalculables beneficios solo porque a nuestro juicio pueden ser pecadores. Reservemos la tarea de juzgar al único ser que tiene la autoridad para hacerlo y preocupémonos nada más por ser dignos de su perdón.

CAPÍTULO CUATRO

LA SANTA INQUISICIÓN

La Inquisición española es, sin temor a equivocarme el centro de los ataques, tanto de los enemigos de la Iglesia Católica, como de muchas personas que por ignorancia se han dejado influir por la industria del cine y en especial la de Hollywood.

En mi búsqueda para abordar de la mejor manera este tema, sin explayarme de más ni aburrir al lector con un torrente de datos históricos decidí sintetizar muchos datos concretos ofrecidos por los propios archivos públicos de la Santa Inquisición, además de las mejores y más detalladas investigaciones que se han realizado y publicado en diversas páginas especializadas, bibliotecas o archivos púbicos, por personas que son una autoridad en el tema como el historiador Fernando de Ayllón, y los investigadores García Cárcel y Henry Kamen, así como el escritor Alfonso Junco. Personas, todas, que han servido de modelo, base y sustento para lo que a continuación se expresa.

En primer lugar debemos de aceptar que la Santa Inquisición está considerada como la organización más terrible y despiadada de la Iglesia Católica, llena de oscurantismo. Todo el mundo parece tener una opinión formada de lo que supuestamente era la Inquisición y de sus crueldades. Veremos en este capítulo cuánto hay de verdad y cuánto de fantasía.

El Tribunal del Santo Oficio, más comúnmente conocido como La Inquisición española (con jurisdicción en España y América), ha sido considerado como ejemplo de error y horror aceptado, incluso por los católicos. Se afirma sin dudar que la Inquisición española torturaba durante horas o días a todos los acusados y que quemó en la hoguera a miles y miles de herejes y brujas. Se nos habla de instrumentos de tortura, de reos mutilados y de inquisidores sádicos que tenían a toda la sociedad aterrorizada.

"Afortunadamente la Inquisición registró minuciosamente todos sus juicios y la mayoría de sus archivos se han conservado. Es ahí donde encontramos la verdad sobre su funcionamiento y naturaleza y no en las fantasías que los enemigos y atacantes de la Iglesia nos han vendido. Ha sido fundamentalmente a partir de mediados del siglo XX cuando muchos investigadores han empezado a analizar detenidamente esos archivos y sus descubrimientos nos dibujan una Inquisición muy diferente de la idea popular".[10]

Origen de la Inquisición.- En realidad la Inquisición se crea desde el año 1184, durante el papado de Lucio III, como una mera intermediación, entre la autoridad civil y los culpables de cometer delitos de carácter religioso. La autoridad civil tenía mucho tiempo considerando la herejía y la blasfemia, entre otras conductas como delitos graves y eran sumamente crueles con los culpables al momento de imponer las penas. Existían muchos abusos por parte de las autoridades comunes y para suprimir estas injusticias y excesos en la aplicación de la ley (no religiosa) se crea la Santa Inquisición, con el objetivo principal de equilibrar con tribunales religiosos y no civiles, los juicios sobre esas conductas y suavizar la aplicación de sanciones. Varias eran las herejías existentes en ese momento, como el maniqueísmo, valdeísmo y la herejía principal de aquella época: los cátaros o los albigenses. Herejía que pensaba que Dios había creado todo el mundo espiritual y Satanás había creado todo lo material. Es decir que Satanás creó todo el mundo, por lo tanto era el Dios del que se habla en el Génesis, del Antiguo Testamento. También creían que Jesús no pudo ser material por que no sería bueno, entonces ellos alegaban que fue una aparición para enseñarnos el camino a Dios, no creían en el bautismo ni en el matrimonio, eran vegetarianos

---

10 "La Inquisición española": verdades y mitos. Visible en el sitio web http://es.catholic.net/op/ articulos/59814/cat/279/la-inquisicion-espanola-verdades-y- mitos.html.

y estaban en eterna lucha contra todo lo físico o material. Sus raíces son 100% gnósticas, es decir, lo más importante es mi yo interior. La fe en Dios y seguir su doctrina de nada sirve. En pocas palabras su doctrina se contradecía totalmente de un punto a otro.

La Iglesia quiso atacar esa herejía que estaba tomando muchos adeptos principalmente en Francia y al mismo tiempo disminuir y suavizar los castigos que imponían los gobiernos civiles, así que convocaron a distintos concilios para dirimir controversias. Con todo ello, la Iglesia no convencía a los herejes cátaros de cambiar de idea, ellos continuaban robando tierras y templos y propagando su herejía por todos lados. La autoridad civil en un afán de mantener el orden imponía a los herejes penas cada vez más crueles. Por ese motivo en 1184 se crea la Santa Inquisición.

¿Que era la Santa Inquisición? Era un tribunal integrado por religiosos, con autorización del Santo Padre, para combatir Herejías u otros delitos de carácter religioso, como las blasfemias, bigamia o brujería que, como ya se ha dicho eran delitos duramente penados por la ley civil. Su fin era únicamente combatir ese tipo de actividades. ¿Cómo lo hacían? logrando que la persona renunciase a ese acto y se arrepintiese del mismo. Si lo hacían podían obtener el perdón, pero si reincidían se les castigaba.

Cabe aclarar que los procesos y penas realizados por la santa Inquisición eran para las personas que siendo Católicas realizaran conductas ofensivas a su propia religión, jamás se persiguió o condenó a ninguna persona por realizar culto a creencias distintas a la fe cristiana. Por ejemplo, durante la Inquisición española, si una persona era judía tenía derecho a descansar el día sábado por ser el día dedicado a su religión y a su dios, si era musulmán igual, se respetaba su creencia y su ejercicio de culto, además de respetarse sus templos y lugares sagrados. Esto se encuentra debidamente documentado en las "Siete Partidas" del Rey Alfonso X, donde se instruye de manera expresa que se cumplieran estas ordenanzas. Sin embargo, lo que se castigaba era la traición. Las personas que adoptaran la religión cristiana, se bautizaran y juraran seguir su doctrina tenían la obligación de hacerlo, pero muchas personas lo hacían nada más con el objeto de acceder a los beneficios que el ser católico representaba, ser persona digna de confianza y de respeto. A esas personas que habiendo abrazado la fe cristiana se les sorprendía realizando conductas en contra de la religión Católica se les procesaba bajo el tribunal inquisitorial. No tanto por la falta, en sí cometida (blasfemia, herejía etc.) sino por la traición que ello representaba. En otras palabras, como el escritor Alfonso Junco retrata en su obra "Inquisición sobre la Inquisición" no era el delito mismo lo que se castigaba entonces, sino la traición a la religión, igual al delito de traición a la patria castigada con la pena capital, hoy en día. En ese entonces el tomar la religión Católica como propia, que era la religión de la corona, era considerado abrazar las creencias e ideas en todo sentido, por eso el mentir y abrazar la fe cristiana de manera mentirosa era considerado, sin duda alguna, alta traición. Eso era lo que se castigaba.

La Inquisición tuvo dos auges, la europea en general en el siglo XII y la española, también aplicada en nuestro país del Siglo XV hasta el XVIII.

Mito sobre la vigilancia de la Inquisición.- Se ha dicho que la Inquisición vigiló la vida de cada individuo en España, sin embargo hay que aclarar que en esa época la división política de los reinos y países no se parecía a la de hoy día, nada más España, estaba dividida en 20 partes, el 80% de las personas vivían en el campo, es decir, que todas esas personas no sabían ni se enteraban de la existencia de la Inquisición, en toda su vida.

En el continente americano hubo solo tres sedes, una en Méjico, otra en Lima y Otra en Cartagena de Indias. ¡Tres sedes para todo el continente y se viajaba en carreta, imagine el control que se podía tener bajo esas circunstancias, era prácticamente nulo! Nótese las exageraciones que se manejan al respecto.

Con esto, no se niega que la Inquisición tenía poder, claro que lo tenía, era la Iglesia representada por un tribunal para combatir a los enemigos de la Iglesia, pero era mucho menos temida que la autoridad civil, el Rey, Virrey o los poderosos de la época.

Castigos en la Inquisición.- Cuando nos hablan de castigos aplicados por la Santa Inquisición la mayoría de la gente piensa en cámaras de tortura, en el toro de falaris, en el potro o en la dama de hierro, instrumentos que se pueden observar en cualquier museo de terror. Hoy sabemos que muchos de esos instrumentos no se usaron en la aplicación de las penas impuestas por la Inquisición, incluso, algunos no fueron inventados sino años después de que la Inquisición terminara, caso específico de la dama de hierro.[11]

Ahora, veamos en qué consistían los castigos. Para ello debemos situarnos en el marco temporal y geográfico donde se realizó la Inquisición, era la edad media, donde las leyes civiles no eran como lo son ahora, la mayoría de los delitos eran castigados con la pena de muerte, solo cambiaba la forma de morir, decapitado, torturado, desollado, ahorcado, etc., y todos los castigos como ya se ha hecho referencia los imponía y ejecutaba la autoridad civil. Uno de los más importantes investigadores sobre la Inquisición es Fernando De Ayllon, quien

---

11 Instrumento parecido a un sarcófago hecho de puro hierro y con puntas de ese mismo material repartidas por todo el aparato y puestas de tal manera para que se le clavaran a la víctima al momento de cerrarse.

en su libro *"La Santa Inquisición, de la Leyenda a la Historia"* dice textualmente:

"*La Inquisición fue mucho más benigna que los tribunales de la época pues, entre otras cosas:*

Conmutó la pena de muerte por penitencias Canónicas cuando el reo se arrepentía... cosa que no ocurría ni ocurre en los tribunales civiles.

✓ Abolió la pena de azotes para las mujeres y los fugados de las cárceles

✓ Suprimió la argolla para las mujeres

✓ Limitó a cinco años la pena a galeras imponiéndola siempre dentro de un marco aceptable de edad (la pena a galera era perpetua, en la ley civil)

✓ Suavizó el tormento [mucho más] que los tribunales civiles. Mucho más sangrientas fueron en el siglo XX las Inquisiciones mejicanas de la revolución y la rusa de la era Estaliniana." [12]

Las investigaciones sobre el procedimiento e imposición de castigos han revelado que en general la Inquisición nunca ejecutaba las penas, sino que era la autoridad civil la encargada de aplicarlas, es decir, podemos imaginar al Tribunal de la Santa Inquisición como el jurado que observamos en las películas norteamericanas donde después de analizar las pruebas ofrecidas en el juicio, únicamente deciden si el acusado es culpable o inocente, pero no son ellos los que determinan la sanción ni aplican la pena, ellos, solamente pasan el veredicto al Juez,

---

12 "La Inquisición española": verdades y mitos. Visible en el sitio web
https://apologia21.com/2015/10/03/la inquisición espanola verdades y mitos/

que en este caso era la a autoridad civil del lugar, la cual era la encargada de imponer el castigo y llevarlo a cabo.

Además, se recurría a la tortura, mucho menos de lo que lo hacía la autoridad ordinaria y siempre bajo supervisión de un inquisidor (clérigo) que tenía orden de evitar daños permanentes, a menudo junto a un médico. Muy diferente a las salvajes torturas ejecutadas por la autoridad no religiosa de aquella época. Pocos murieron en la hoguera, la pena de muerte solo se aplicaba en casos de especial gravedad, los castigos más comunes eran multas, cárcel, azotes, peregrinaciones forzadas o desfiles de humillación pública (los famosos sambenitos)[13] o incluso una amonestación. Cuando se confiscaban bienes, éstos no eran entregados a los acusadores, eran usadospor la Inquisición para costear sus gastos, pues siempre andaban escasos de recursos. Comparado con el funcionamiento normal de la justicia de la época, la Inquisición, no solo, no era más cruel y sanguinaria, sino que lo era mucho menos. Así de claro.

Datos fríos sobre ejecuciones realizadas por la Inquisición.- Según evidencia obtenida de los propios archivos públicos y originales de la Inquisición Española y que no han sido objetados o puestos en duda por nadie, el historiador García Cárcel estima que el total de procesados a lo largo de toda su historia fue de unos 150,000, Aplicando el 2% de ejecutados que aparece en las causas entre los años 1560 a 1700, podría pensarse que una cifra aproximada puede estar en torno a las 3,000 víctimas mortales en todos los territorios de la corona (lo cual incluye América, media Italia y otros territorios europeos). En cualquier caso, está muy muy lejos de los cientos de miles o más de un millón de víctimas que a menudo se mencionan. Para contextualizar estas cifras se puede citar al británico Henry Kamen, conocido estudioso no católico de la Inquisición, cuando compara las condenas de los tribunales de la Inquisi-

---

13 Procesión que realizaba el culpable por toda la ciudad o pueblo cargando un enorme medallón de san Benito

ción (la española y la de otros países) con las condenas de los tribunales civiles u ordinarios: "resulta interesante comparar las estadísticas sobre condenas a muerte de los tribunales civiles e inquisitoriales entre los siglos XV y XVIII en Europa: por *cada cien penas de muerte dictadaspor tribunales ordinarios, la Inquisición emitió una*".[14]

Una de las figuras que más utilizan los que atacan a la Inquisición es sin duda alguna la de Juan Antonio Llorente, quien fue secretario general de la Santa Inquisición a finales del S. XVIII, él fue un apóstata de la religión (persona que renunció a la religión Católica y la criticó) se fue a Francia y desde ahí escribió: *"hablar de las muertes de la Inquisición era hablar de la principal causa de despoblación en España"*. La autoridad inquisitorial le mandó llamar para que probara su dicho, pero este argumentó que había quemado todos los documentos relacionados. (Qué raro que haya quemado las pruebas que probaban su dicho) pero este personaje siguió hablando y vociferando en contra de la Inquisición y de Iglesia. Por lo que el Santo Oficio lo condenó por traicionar a ese tribunal. ¿Cuál se imagina, el lector, que fue el tan severo castigo que le aplicaron por tan grave falta?: ¡Un mes de retiro forzoso! Así de cruel era la Inquisición. Ahora sabemos con todos los archivos abiertos y analizados por católicos y no católicos que LLorente mintió.

Otro caso famoso es el del sacerdote Ruíz Padrón, que llegó a ser amigo de Benjamín Franklin y enemigo de la Inquisición, contra la cual dio numerosos sermones incendiarios explicando por qué la Inquisición era innecesaria, injusta y mancillaba la fe Católica. ¿Su castigo? Confiscación de bienes condenado a pasar el resto de su vida en un monasterio. Unos años más tarde se le encuentra de nuevo en su abadía de Valdeorras, en libertad, donde pasó apaciblemente el resto de su vida.

---

14 ¿Qué sucedió realmente con la Inquisición? Visible en el sitio web https://www.interrogantes. net/que-sucedio-realmente-con-la-inquisicion/

Era tan laxa la Inquisición que se tienen documentos de delincuentes que preferían admitir o fingir que eran herejes o blasfemos para quedar bajo la tutela del tribunal eclesiástico y no del tribunal civil para que fueran mandados a las cárceles de la Santa Inquisición, donde las penas eran mucho menores y no continuas. En Méjico los indígenas estaban excluidos de la Inquisición, hasta el Siglo XVII y solo con penas muy leves, casi sin tortura o penas de muerte, solo en la ciudad de Lima se les castigaba por el delito o pecado de idolatría, con penas de reclusión no de muerte y hay que recordar que nuestros antepasados practicaron sacrificios humanos.

La Inquisición y las brujas.- Otro gran mito sobre la Inquisición es el de la quema de brujas. La verdad es que, ese es, de los menos casos acontecidos durante la Inquisición Católica, muy pocos casos en realidad. En 1486 se publicó un libro en Alemania llamado "Martillo de brujas", un libro donde culpaba a las brujas de casi todo mal, como el clima o la mala cosecha. La Iglesia rápidamente lo tachó de falso y pidió que no se le hiciera caso, pero el mal ya estaba hecho y hubo una verdadera sicosis en torno a las brujas, donde la gente pensaba ver una en cada persona. De ahí proviene el término "cacería de brujas".

Del análisis de los procesos inquisitoriales se deduce que la Inquisición se ocupó relativamente poco de los asuntos de brujería y que aplicó sentencias benignas (para la época). Por ejemplo, en el tribunal de Santiago de Compostela no llega al siete por ciento el número de causas relacionadas con la brujería y de ellas todas, excepto dos, fueron sancionadas con una simple abjuración (reconocimiento del error cometido). Los tribunales de Toledo y de Cuenca no pronunciaron ninguna sentencia de muerte por brujería en los 307 procesos que iniciaron por ese tema y en muy pocos casos se aplicó tortura. En 1591 el tribunal de Toledo no condenó a muerte a una mujer que confesó el asesinato ritual de varios niños, mas recibió a cambio doscientos azotes, sinceramente no se sabe si por bruja o por mentirosa.

A menudo se transmite la idea de que bastaba acusar a alguien de brujería para que la Inquisición lo sometiese a tortura hasta, por supuesto, arrancar su confesión y entonces lo quemaban en la hoguera. La realidad fue muy distinta, pues, si en los países del norte a menudo ocurría así, la Inquisición era mucho más escéptica, hasta el punto de que ni siquiera la confesión del acusado se consideraba prueba suficiente por sí misma, si no había pruebas de que los daños causados fueran reales y en tal caso se condenaba al acusado por los daños, más que por los supuestos poderes demoníacos, en los que, los inquisidores católicos en la mayoría de los casos dudaban. Veamos por ejemplo esta instrucción remitida por la Inquisición a sus tribunales de cómo actuar cuando un brujo confiesa serlo:

"Que no procede en estos casos por solo la forma de ser brujos y hacer los dichos daños, si no testifican de haberlos visto hacer algunos daños, porque muchas veces lo que dicen han visto y hecho les sucede en sueños y juzgan se hallaron en cuerpo y lo vieron e hicieron con los que testifican y les figura el demonio cuerpos fantasiosos de aquellos que dicen vieron sin haberlos visto ni hallándose allí para que hagan esos daños de inflamar en peligro a los que no tienen culpa".[15]

Cabe aclarar que la persecución de las brujas se llevó a cabo principalmente en los países del norte de Europa, es decir países protestantes, pero la brujería no solo era una actividad castigada por los tribunales religiosos, también era un delito castigado por los tribunales civiles de cada país, como la blasfemia o herejía. En ese sentido la Santa Inquisición no es responsable de los castigos impuestos por los reyes o autoridades civiles que

---

15 "La Inquisición española": verdades y mitos. Visible en el sitio web http://es.catholic.net/op/articulos/59814/cat/279/la-inquisicion-espanola-verdades-y- mitos.html

aplicaron castigos y mataron a supuestas brujas. Los tribunales civiles fueron mucho más severos con la brujería, como el de Vich, que entre 1618 y 1620 condenó a 45 brujas. Además en Cataluña decenas de brujas fueron ahorcadas en varios pueblos por orden de los tribunales locales. De las ejecuciones por brujería en España, solo el 10% se deben a la Inquisición, el 90% restante fue obra de los tribunales civiles. Lo que vemos en todo momento es que a pesar de la crueldad de los tribunales inquisitoriales, teniendo en cuenta el funcionamiento general de la justicia de la época, la Inquisición era más sensata y misericordiosa que los tribunales civiles.

El tema de la quema de brujas sigue siendo aún hoy el ataque frontal y común contra la Inquisición mezclándose prejuicios anticatólicos, anticlericales y causas feministas.

Disparates como los dichos en la película *"el Código Da Vinci"* que asegura que durante trescientos años la Iglesia quemó en la estaca la asombrosa cifra de cinco millones de mujeres. Esta, es una cifra repetida en la literatura neopagana, wicca, new age, pues necesitan un "holocausto judío" y sacan cifras sin sentido.

La Inquisición protestante.- Ya vimos la realidad sobre la Inquisición Católica. Por qué se formó, qué atacó, cuáles eran sus castigos y cuantas muertes sentenció. Pero lo que pocas veces se dice es que también hubo otra Inquisición, pero no era Católica, ¡era protestante!

Analicemos entonces un poco de esa Inquisición protestante. Cuando Martín Lutero se separa de la Iglesia Católica y protesta contra el Papa, (por eso es secta protestante, porque se seccionó o separó y porque protestó contra la Iglesia Católica) el protestantismo se empieza a difundir principalmente en Alemania, lógico, él era de allá y allá vivía. Los primeros países que se hacen protestantes son Alemania, Suiza, Escocia e Inglaterra, cada uno con motivos más políticos que religiosos, se constituyeron como naciones protestantes, algunos se hacían llamar anglicanos, como en el caso de Inglaterra, otros calvinistas, otros luteranos otros evangélicos, pero todos, protestantes.

Estos gobiernos también establecieron tribunales especiales constituidos por autoridades civiles y religiosas para contrarrestar su principal amenaza ¡los Católicos! en ese sentido existía una Inquisición, en cada uno de esos países erigida contra brujería, herejías, satanismo, judaizantes y católicos.

Ya con esa información analicemos pues, las muertes que se realizaron por brujería en todos los países de Europa y veamos cuales fueron los países que más brujas mataron:

PAISES	MUERTES	PORCENTAJE	POBLACIÓN
Portugal	7	0.0007%	1.000.000
España	**300**	**0.037**%	8.100.000
Italia	1000?	0.076%	13.100.000
Países Bajos	200	0.133%	1.500.000
Francia	4000?	0.2%	20.000.000
Inglaterra/Escocia	1500	0.231%	6.500.000
Finlandia	115	0.238%	350.000
Hungría	800	0.267%	3.000.000
Belgica/Luxemburgo	500	0.384%	1.300.000
Suecia	350	0.437%	800.000
Islandia	22	0.44%	50.000
Chequía/Slovaquia	1000	0.5%	2.000.000
Austria	1000	0.5%	2.000.000
Dinamarca/Noruega	1350	1.391%	970.000
Alemania	25000	1.56%	16.000.000
Polonia/Lituania	10000	2.9%	3.400.000
Suiza	4000	4%	1.000.000
Liechtenstein	300	10%	3.000

Como ya se ha dicho, en la peor época de cacería de brujas algunos de los países de Europa eran protestantes, incluso algunos países que hoy son católicos, como Polonia o Liechtenstein.

Si se observa la gráfica se puede apreciar que los tres principales países católicos, Portugal, España e Italia, son justo los que menos incidencia de muertes muestran. En el caso de Francia, ya no tenía Inquisición (es decir los juicios se realizaban por tribunales civiles).

Así también se puede observar de la gráfica, que la mitad de todas las quemas de brujas se produjeron en los estados alemanes, donde fueron ejecutadas 25.000 personas. Más, poniendo el número de ejecuciones en relación con el de habitantes, vemos que Liechtenstein, país protestante, es el lugar donde más cruda fue la persecución: 300 quemas con relación a 3000 habitantes, corresponde a un 10 % de la población. Y en los países que menos muertes hubo, con una intensidad de una fracción de unidad por cada mil, encontramos a Portugal, España e Italia. Países católicos que conservaron la Inquisición, adaptándola a su nueva base nacional.[16] En conclusión, donde más se persiguió a las brujas fue en los países protestantes de esa época, luego, en los países católicos donde se ejecutaron sentencias de muerte fueron en los países que ya no había Inquisición y los que menos muertes tuvieron fueron los tres países católicos que aún conservaban a la Santa Inquisición.

Muertes Católicas y excesos cometidos en manos de la Inquisición protestante.- como ya he dicho la Inquisición no fue exclusiva de la religión Católica, los países protestantes también crearon sus propios tribunales religiosos para combatir entre otras cosas a los católicos. Para citar solo

---

16 "La Inquisición y la Brujería". Gustav Henningsen. 23 junio 2008. Sección: Leyendas Negras. Visible en el sitio web http://encuentra.com/leyendas_negras/ la_inquisicion_y_la_brujeria_13141

algunos ejemplos de ejecuciones realizadas a católicos por la Inquisición protestante señalo los siguientes:

- ✓ La masacre de los monjes de la Abadía de San Bernardo de Bremen cuyos monjes fueron asesinados, desollados y se les echó sal en la carne viva siendo después colgados del campanario por turbas protestantes en el siglo XVI.

- ✓ El ahorcamiento de seis monjes cartujos y del Obispo de Rochester en la Inglaterra Protestante en 1535.

- ✓ La quema de miles de católicos y anabaptistas por Enrique VIII en el siglo XVI siendo su hija María la que heredó el título de "María la sanguinaria"

- ✓ La quema en la hoguera de Miguel Servet, Monje Católico, descubridor de la circulación de la sangre, en Ginebra por orden de Juan Calvino.

- ✓ Cuando Enrique VIII comenzó la persecución Católica en Irlanda existían más de mil monjes Dominicos, de los cuales solo dos sobrevivieron la persecución. En la época de la protestante Reina Isabel I, alrededor de 800 católicos eran asesinados por año.

- ✓ El historiador protestante Henrry Hallam dice *"la tortura y la ejecución de los Jesuitas en el reinado de Isabel Tudor fue caracterizado por el salvajismo y el prejuicio"*.

- ✓ Un acto del Parlamento Inglés decretó en 1652 que: *"cada sacerdote romano debe ser colgado, decapitado y desmembrado y después quemado y sus cabezas expuestas en un poste en lugar público"*

✓ En la Escocia Presbiteriana del protestante Juan Knox, en un periodo de seis años se quemaron más de 1000 mujeres acusadas de hechicería.

✓ En las ciudades tomadas por el Protestantismo, los católicos tenían que abandonarlas dejando en ellas todas sus posesiones o convertirse al Protestantismo, si se les descubría celebrando la Misa eran castigados con la muerte.

✓ El teólogo protestante Meyfart, describe la tortura que él personalmente *presenció: "Un español y un italiano fueron los que sufrieron esta bestialidad y brutalidad. En los países católicos no se condena a un asesino, a un incestuoso o a un adúltero a más de una hora de tortura, pero en Alemania (protestante) la tortura se mantiene por todo un día y una noche y hasta por dos días…..Algunas veces hasta por cuatro días después de los cuales se comienza de nuevo…es una historia exacta y horrible que no pude presenciar sin aún estremecerme".[17]*

✓ En Augsburg en el año 1528 cerca de 170 Anabaptistas de ambos sexos fueron puestos en prisión por orden del ayuntamiento, muchos de ellos fueron quemados vivos, otros fueron marcados con hierros candentes en la mejilla o sus lenguas fueron cortadas.

✓ En Aubsburg el 18 de enero de 1537 el Consejo Municipal publicó un decreto donde se prohibía el culto católico y se les daba 8 días para que los católicos abandonaran la ciudad, pasado ese término se envió a los soldados a perseguir a los que no aceptaron la nueva fe; se tomaron las Iglesias y monasterios se destruyeron las estatuas y los altares. Frankfort emitió una ley parecida y la total suspensión del culto católico se extendió a todos los estados alemanes.

---

17 "La Inquisición española verdades y mitos". Visible en el sitio web http://es.catholic.net/op/articulos/59814/cat/279/la-inquisicion-espanola-verdades-y- mitos.htm

✓ En 1530, en sus comentarios al Salmo 80, Lutero aconsejaba a los gobiernos que aplicaran la pena de muerte a todos los herejes.

✓ En el distrito de Thorgau (Suiza) un misionero, sectario, al frente de una turba protestante saqueó, masacró y destruyó el monasterio local.

✓ En la Zurich Protestante se ordenó quitar todas las imágenes religiosas, reliquias y adornos de las Iglesias y hasta el órgano fue desterrado, la catedral quedó desnuda, como lo está hasta hoy. A los católicos se les inhabilitó para ocupar cargos públicos, la asistencia a Misa se castigaba con una multa la primera vez y penas más severas a los reincidentes.

✓ En Leiphein, el 4 de Abril de 1525, tres mil campesinos guiados por un exsacerdote tomaron la ciudad, saquearon la Iglesia, asesinaron católicos e hicieron sacrilegios en el altar con profanación de los sacramentos.[18]

La verdad sobre el caso de Galileo Galilei.- Para concluir me gustaría explicar lo que pasó con el famoso científico Galileo Galilei. Ya que los anticatólicos se esfuerzan en decir que la Iglesia Católica y en específico la Santa Inquisición quemaron al científico en la hoguera.

Galileo Galilei fue un famoso científico, matemático y astrónomo del siglo XVII, católico, muy religioso, incluso estudió en un monasterio con intenciones de abrazar los hábitos, antes de continuar sus estudios en la Universidad de Pisa.

En efecto, Galileo fue acusado ante la Inquisición dos veces debido a sus descubrimientos. En 1616 la acusación no pasó de

---

18 Datos obtenidos de "la Inquisición y la reforma protestante". Visible en el sitio web https:// apologeticasiloe.net/Apologetica/La%20Inquisicion%20y%20la%20reforma%20protes tante(1).htm

una notificación o amonestación, pero en 1633 sí fue llevado a los tribunales. El cargo en su contra era que afirmaba que la Tierra no estaba quieta en el centro del universo, sino que giraba sobre sí misma y alrededor del sol. Por supuesto que en la actualidad todos sabemos que lo que decía Galileo era cierto, pero para los hombres de aquella época (y no solo para la Iglesia) el conocimiento era distinto. Explicaré el contexto de Galileo para que se entienda mejor el caso.

La idea de Galileo no era nueva (Ya Copérnico-sacerdote católico- y otros científicos lo habían hecho público, cien años antes), pero él basó su descubrimiento en el telescopio que perfeccionó para criticar la física aristotélica. En su época los profesores eran muy poderosos y sentían que la única intención de Galileo era ridiculizarlos. Cuando surgió el debate teológico, la Iglesia tuvo que levantar su voz. Recordemos que algunos años antes, Martín Lutero comenzó una revolución que fracturó la Iglesia (hasta el día de hoy vemos las tristes consecuencias de su acto) basándose en la libre interpretación de la Biblia. Esto solo trajo caos, así que ya se entenderá por qué se encendieron las alarmas cuando comenzó ese debate en el que cada bando daba una interpretación distinta de las Sagradas Escrituras.

Hasta ese momento el descubrimiento de Galileo no pasaba de ser una teoría, que mucho después supimos que era verdad, pero en aquel entonces no había forma de comprobarlo. Por tal razón la Iglesia tomó partido por la creencia científica más extendida de aquel entonces rechazando las ideas de Galileo.

Ante esto, Galileo reaccionó intentando influir en algunas personalidades eclesiásticas. Cuando el Papa Pablo V se enteró de esto ordenó al Cardenal Belarmino que citara a Galileo para amonestarlo por su actitud. Galileo comprendió que su actitud no fue correcta al tratar de convencer a "escondidas" y abandonó por un tiempo aquel debate. Todo esto ocurrió en 1616.

En 1623 tras la muerte del Papa Pablo V, Urbano VIII asume las llaves de San Pedro. Esto, alegró mucho a Galileo, ya que este nuevo Papa lo admiraba desde hace bastante tiempo y hasta tuvieron un encuentro, un año después autorizándole, el Papa a publicar sus textos. Animado por estos eventos tan favorables, volvió a defender públicamente sus tesis, en 1630 publicando su obra *"Dialogo en torno a los dos grandes sistemas del mundo, el tolemaico y el copernicano"*.

Un dato muy importante, es que, aquellos eran tiempos de mucha tensión en la Iglesia. El entonces Cardenal Borgia acusó pública y temerariamente al Papa de no defender la doctrina Católica (obviamente porque tenía intereses en contra del Papa, no porque le interesaran las teorías de Galileo); esto provocó que el Papa se viera obligado a evitar cualquier acción que pudiera interpretarse como traición a la fe. Como ya se ha dicho algunos años atrás el propio Papa Pablo V había prohibido a Galileo que continuara con la publicación de sus teorías y justo acababa de publicar un libro con la autorización del nuevo Papa. En ese contexto el Papa Urbano VIII se encontraba entre la espada y la pared.

En 1633, el Santo Oficio llamó a juicio a Galileo por defender sus teorías en contra de lo que, en aquel entonces creía la ciencia y por levantar argumentos teológicos. En dicho juicio no pasó un solo día en la cárcel, sino que estuvo, cómodamente instalado en la habitación del fiscal de la Inquisición. Al final del juicio, que duró un solo día, Galileo reconoció que había exagerado en muchos de sus argumentos y el tribunal decidió enviarlo de vuelta al palacio de Florencia. Por su parte, el Papa Urbano VIII le ordenó que reconociera públicamente su error y en diciembre del mismo año fue enviado a su casa donde cumplió arresto domiciliario.

Galileo comprendía que, todo esto no se trataba de un enfrentamiento ciencia contra religión. Él siempre se consideró un devoto católico y trató hasta el final de sus días de demostrar que su teoría no se oponía a la doctrina Católica. Galileo murió en 1642 con todos los auxilios espirituales de la Iglesia Católica rodeado de sus amigos y discípulos.

Lo de Galileo muerto en la hoguera es un mito. Recordemos que en la revolución emprendida por Lutero se inventaron muchas mentiras en contra de la Iglesia Católica. La supuesta tortura que sufrió Galileo fue una de ellas. Lo cierto es que Galileo falleció el 8 de enero de 1642, de muerte natural, a los 78 años de edad, en su casa de Arcetri, cerca de Florencia. No pasó ni un solo día en la cárcel ni sufrió ninguna violencia.

También se ha hecho muy popular la célebre frase (que todo el mundo toma como históricamente cierta): "Epur si muovc!" "Y, sin embargo, se mueve", enérgicamente pronunciada por el indignado científico ante la intransigencia de los "oscuros" y "maléficos" inquisidores que le juzgaban. Por suerte, tenemos la posibilidad de tirar por tierra este dato, pues está absolutamente demostrado que tal expresión no fue real, que el condenado, como buen católico, se limitó a dar las gracias al tribunal por la paciencia y benevolencia de su sentencia y que la "frase histórica" fue inventada por el periodista Giuseppe Baretti en Londres, en el año 1757.

El Papa Francisco ha pedido perdón por el caso Galileo, por la sentencia injusta que el Santo oficio pronunció en su contra, pues, Galileo tenía razón y no se le debió de condenar. Esa es la verdad con relación a Galileo, muy distante a los mitos de haber sido condenado a muerte y morir en la hoguera. [19]

---

19 Basado en el artículo "que no te engañen la Iglesia nunca mató a Galileo. Visible en el sitio web https://es.churchpop.com/2018/01/08/te-enganen-la-Iglesia-nunca-mato-a-galileo/.

CAPÍTULO CINCO

¿POR QUE LA IGLESIA ODIA Y ATACA TANTO A LOS HOMOSEXUALES Y NO LOS DEJA CASARSE O ADOPTAR?

El tema del homosexualismo ha cobrado mucha fuerza en los últimos cuarenta años. La verdad es que a la Iglesia nunca le había preocupado mucho defender su punto de vista sobre la homosexualidad y la verdad es que no era necesario, a nadie parecía sorprenderle que la Iglesia condenara como un pecado grave el acto homosexual, porque todo el mundo lo condenaba; Sin embargo en los últimos años, a raíz de movimientos antirreligiosos y sobre todo anticatólicos, como el feminismo, el hipismo y el "lobby gay" se ha despertado un interés especial por este tema, gracias a dos grandes mentiras. La primera estriba en afirmar que los católicos condenan y están en contra de los homosexuales y la segunda que la religión Católica es la única religión en el mundo que condena el acto homosexual.

Desde hace cuarenta años se ha presionado a gobiernos y organizaciones a fin de dotar al acto homosexual no solo de total aceptación y consentimiento, sino además de derechos civiles. Eso resulta ser lo más grave, porque el ejemplo de esa forma de vida trasciende a otras personas. El homosexual, con sus actos pone el ejemplo a otros de que lo que hace es natural y es bueno.

El tema de la homosexualidad no debería de ser tan polémico, como muchos otros más interesantes, lo que pasa es que está muy en boga, pero el homosexualismo es un tema fácil de explicar desde el punto de vista biológico-antinatural y desde el punto de vista católico.

Es mi intención, pues, dar una explicación argumentativa desde el punto de vista católico. Forma de pensar que coincide, casi en su totalidad, con la forma de pensar judía, islámica o budista, dando razones suficientemente sustentadas con base en principios lógicos y científicos. Es decir dar razón de nuestra fe. Los católicos solo podemos tener una posición respecto a este tema y cualquier otra postura va directamente en contra de nuestra doctrina. En otras palabras no podemos decirnos católicos y por otro lado consentir el acto homosexual.

¿Qué es el homosexual?.- En primer lugar debemos entender que es la homosexualidad. "Es la atracción que una persona tiene por personas de su mismo sexo".

Hasta ahí todo resulta claro, se entiende y hasta se puede consentir la posibilidad de que existan factores genéticos y principalmente aspectos sociológicos que predispongan al individuo a tener preferencia por personas de su mismo sexo o bien que pierdan el interés en personas del sexo opuesto. Este último caso resulta más interesante aún, pues puede confundir al mismo individuo que, al darse cuenta que le cuesta mucho relacionarse con personas del sexo opuesto, pueda pensar que tiene una inclinación homosexual.

La Iglesia Católica tiene dos posturas al respecto. La primera, sobre la homosexualidad, la cual la define exactamente igual que la ciencia y que la acepta como una condición del ser humano. La única diferencia es que la Iglesia establece esta condición humana como contra-natural y por lo tanto no normal. Porque normalmente, tal y como lo enseña la biología, la Biblia y la tradición cristiana, la atracción existe entre hombre y mujer. Es decir, la condición homosexual es una excepción y por lo tanto una anormalidad. Esto se demuestra por sí solo desde un punto de vista numérico. Constantemente los activistas e investigadores de lobby LGBT utilizan el porcentaje aproximado del 10% que se maneja derivado de los estudios de una persona de apellido Kinsey y otros autores de Estados Unidos, sin embargo, ésta no es una cifra aceptada mundialmente ni con bases científicas. Estudios realizados por los Doctores Paul y Kirk Cameron calcularon una población homosexual en Canadá del 1.4%,[20] en Méjico y Estados Unidos las cifras más optimistas para el movimiento homosexual es del 3.4% y 3.6%,[21] respectivamente, pero para fines prácticos y promediando la mayoría de las encuestas a nivel mundial se puede decir que, cuando mucho hay una población homosexual de entre el 2 y 4 por ciento.

Esto es un punto de apoyo muy importante para establecer que por reglas numéricas una condición humana que no llega al 4% de la población no puede ser considerada como una condición normal. Por ejemplo, en Méjico la población con diabetes diagnosticada es del 9.2%. Es la primera causa de muerte en nuestro país, pero numéricamente, esas cifras manifiestan que esa población tiene una condición física anormal, pues, se presenta al menos del 10% de la población, es decir no es para nada parecida al 90.8% de la población que no la padece.

Este hecho confirma, por sí solo, que lo biológicamente correcto, lo normal y natural es que la atracción exista entre dos personas que tienen órganos sexuales complementarios entre sí.

Es decir, por un lado está lo que la biología y la Biblia dice: el hombre y la mujer son biológicamente compatibles y así es como debe de ser. Por otro lado existen casos aislados donde por una condición social o incluso genéticamente (posibilidad aún no comprobada científicamente) una persona se siente atraída por personas de su mismo sexo y ese hecho sale de los

---

20 "Sólo un 1,4% de los adultos son gays: a veces se hinchan cifras ignorando los mayores de 50 años". Visible en el sitio web http://www.forumlibertas.com/solo-un-14-de-los-adultos-son-gays-a-veces-se-hinchan-cifras-ignorando-los-mayores-de-50-anos/
21 idem.

parámetros normales de la biología, de la ciencia y de la religión, así de claro.

Lo que condena la Iglesia no es a la persona homosexual sino el acto homosexual.- Tanto los católicos, como los judíos, los protestantes e islámicos condenan el acto homosexual. Éstos últimos de una manera mucho más radical, pues tienen contemplada la pena de muerte.[22] Pero con respecto a la persona homosexual, la Iglesia Católica no tiene ningún problema en considerarlo como parte de la familia Católica, de hecho el propio catecismo de la Iglesia Católica así lo confirma en su canon 2358 que textualmente establece:

*"**2358.** Un número apreciable de hombres y mujeres presentan tendencias homosexuales profundamente arraigadas. Esta inclinación, objetivamente desordenada, constituye para la mayoría de ellos una auténtica prueba. Deben ser acogidos con respeto, compasión y delicadeza. Se evitará, respecto a ellos, todo signo de discriminación injusta. Estas personas están llamadas a realizar la voluntad de Dios en su vida, y, si son cristianas, a unir al sacrificio de la cruz del Señor las dificultades que pueden encontrar a causa de su condición".*

Sin embargo lo que si condena la Iglesia Católica es el acto homosexual. Muchos de los defensores de los homosexuales preguntan en que parte de la Biblia se condena esa conducta, ya que en ningún mandamiento se establece de manera explícita.

Veamos solo unos cuantos pasajes bíblicos donde se prohíbe expresamente:

Lev 18, 22 23., "El SEÑOR llamó a Moisés y le habló desde la tienda de reunión, diciendo: Habla a los hijos de Israel y diles:

"No te acostarás con un hombre como se hace con una mujer: esto es una cosa abominable. [22]

1 Tim. 1, 9 y 10: "La Ley no fue instituida para los justos, sino para la gente sin ley, para los rebeldes, impíos y pecadores, para los que no respetan a Dios ni la religión, para los corrompidos e impuros, para los que matan a sus padres y para los asesinos; para los adúlteros y los que tienen relaciones sexuales entre hombres o con niños, para los mentirosos y para los que juran en falso. Habría que añadir todos los demás pecados que van en contra de la sana doctrina,"1a. Cor. 6,9. "¿No saben acaso que los injustos no heredarán el Reino de Dios? No se engañen: ni los que tienen relaciones sexuales prohibidas, ni los que adoran a los ídolos, ni los adúlteros, ni los homosexuales y los que sólo buscan el placer."

Hasta aquí podríamos concluir fácilmente nuestro tema. Los homosexuales son creaturas de Dios, que por una circunstancia ajena a su voluntad, tienen un gusto antinatural por personas de su mismo sexo. Eso no lo condena la Iglesia, al contrario ordena que sean tratados con amor, con respeto y que se les ayude a sobrellevar esa condición por medio de la abstinencia sexual. Lo que condena la Iglesia es el acto homosexual, es decir el pecado de tener relaciones homosexuales, porque así lo prohíbe la Ley de Dios. Por lo tanto el homosexual se debe de privar de tener relaciones sexuales con personas de su mismo sexo, debe de combatir esa tentación y la mejor manera es acercándose a la oración, a los sacramentos y a la palabra de Dios. Si cae en la tentación cometerá pecado mortal y deberá confesarse ante un sacerdote, quien le aconsejará para que no lo vuelva a hacer. Casos idénticos al promiscuo, cleptómano, o violador. No puede una apersona decirse Católica y ser partidario del acto homosexual, pues contradice de manera directa la Biblia y el Catecismo de la Iglesia Católica.

---

22 "Homosexualidad e islam". Visible en el sitio web https://es.wikipedia.org/wiki/Homosexualidad_e_islam. *No te acostarás con un animal: la mancha te quedaría. Tampoco la mujer se dejará cubrir por un animal: esto es una cosa abominable."*

Pero desgraciadamente no es tan simple el conflicto. Hay personas que están interesadas en destruir a la familia en general y van más allá de lo que es un simple problema de desear cosas insanas a un estado de vida, es decir no se conforman con que se acepte la condición homosexual de una persona, quieren hacer de esa condición antinatural un estandarte, un orgullo, un acto de heroísmo y un ejemplo para los demás. Con ello promueven que otras personas se sientan atraídas a ese estilo de vida. Hace un momento cuando definí a una persona homosexual comenté que puede ser por condición congénita (según estudios científicos, todavía no concluyentes) o por su entorno social. Esta segunda posibilidad es decisiva porque tiene que ver con trastornos sicológicos obtenidos desde muy temprana edad, por abusos de los padres, por sobreprotección materna o por cierto exceso de timidez que impide relacionarse de manera normal con las demás personas. El problema es que los promotores de la homosexualidad han generado de este hecho, tal "boom" publicitario que es muy posible y de hecho frecuente que, cuando una persona ha tenido ciertos trastornos familiares y no se puede relacionar sentimentalmente con personas del sexo opuesto, en lugar de pedir ayuda para mejorar esa capacidad de relacionarse, le sea más cómodo decir ¡soy homosexual! no puedo tener una relación afectiva con ninguna chica porque no se me da, porque se burlan de mí, bueno, entonces me voy a relacionar con un hombre porque seguramente soy un homosexual y me va a ser más fácil relacionarme con ellos. Eso pasa gracias a la imagen casi heroica y muy de moda que nos han vendido de los homosexuales. Vemos constantemente en la televisión, artistas que "salen del closet" que dicen que son homosexuales y la gente les aplaude, les hacen entrevistas y consiguen trabajo inmediatamente. El problema nunca ha sido la homosexualidad desde el punto de vista religioso, el problema es que se quiera vender esa condición como algo normal, natural y últimamente maravilloso y eso se hace con el único fin de perjudicar a la familia y con ello, los valores morales que obtenemos de ella.

Sexo o género.- Nos han vendido la idea de que las personas ya no tenemos sexualidad, ahora tenemos género y ¿cuál es la diferencia? Que el sexo es algo biológico, una característica intrínseca de la personalidad que traemos desde que nacemos. El género, en cambio es lo que nosotros pensamos que somos, según nuestros gustos e inclinaciones.

Esa simple palabra y diferencia de significado lo complica todo, hasta aquí el problema no era más que la aceptación de un grupo de individuos con ciertas preferencias antinaturales y su aceptación dentro de la Iglesia, como personas dignas de amor, de comprensión, con la única condición de entender que esa atracción antinatural es contraria a la ley de Dios y por lo tanto prohibido. Sin embargo, con el cambio de la palabra sexo a género se le dio la oportunidad a las personas de decidir sobre sus preferencias sexuales, que si creían que eran mujeres, siendo hombres podían serlo, es más, ¡debían serlo, la que se había equivocado era la naturaleza!

Este pensamiento trae un error básico y un problema posterior. El error es pensar que la naturaleza se equivoca, puesto que Dios es el que crea la naturaleza, el pensar que la naturaleza se equivoca es afirmar que Dios se equivoca y Dios es perfecto por definición, no puede equivocarse, luego entonces si creemos esto, estamos asegurando que no creemos en la perfección de Dios o dicho de otra manera que no existe Dios y eso para los católicos es una herejía. No podemos decirnos católicos y al mismo tiempo afirmar que las personas pueden otorgarse un género, porque la naturaleza o sea Dios a veces se equivoca. Parte crucial de ese error es suponer que nosotros, simples criaturas humanas e imperfectas podemos saber más que la naturaleza y que como sabemos más podemos decidir sobre cuestiones de la naturaleza.

Ahora bien, el problema que trae consigo, dicho pensamiento, es que al ser, como ya he dicho, humanos e imperfectos y por lo tanto sumamente equívocos, no solo decidimos a nivel mental que somos de otro sexo, otorgándonos un "genero" diferente, sino que además ¡inventamos nuevos géneros! Bajo el principio de que somos libres de hacer con nuestro cuerpo lo que queramos, muchas personas están defendiendo la idea de que cualquier persona puede tener cualquier otra preferencia sexual que no sea la del sexo opuesto, o bien, que tenga varias preferencias sexuales, como la necrofilia, la coprofilia, la pederastia o zoofilia.[23]

A esas personas, que sospechosamente pocos son homosexuales y que únicamente promueven la ideología de género (los imagino como aquellos que promueven la venta de drogas y el consumo de las mismas, pero ellos no las consumen, es decir púdranse los demás, está bien pero yo no lo hago porque sé que me hace daño). Se les tiene que decir dos cosas:

Primero.- La libertad de hacer lo que te plazca no significa que no tienen consecuencias espirituales, es decir cierto es que puedes matar, violar o tener relaciones con quien se quiera, pero esa libertad no te libera de un juicio, de que esos actos sean un pecado mortal y que como pecado mortal, ese acto trae como consecuencia directa y necesaria la perdida de la gracia. Es decir, te deja imposibilitado de alcanzar la gloria eterna, si mueres con ese pecado mortal, sin confesar. Porque la libertad que Dios te da para actuar no te la dio para que todo lo que hicieras no tuviese como consecuencia un premio o un castigo. Tú no puedes afirmar que eres católico y al mismo tiempo que puedes hacer lo que sea con tu cuerpo y con tus decisiones, porque según tú, no le haces daño a nadie. No, la consecuencia de esos actos prohibidos es el pecado y la condenación, sino se arrepienten y confiesan. Es decir, esa libertad o libre albedrío va ligado necesariamente a la repercusión de un premio o un castigo

---

23 Distintos tipos de aberraciones sexuales que gustan de relacionarse sexualmente con muerto (necrofilia) con heces humanas (coprofilia) con niños (pederastia) o con animales (Zoofilila).

Además, el hecho de que se diga que los actos contranaturales no dañan a nadie, es un error porque en la Biblia existe el mandato de ir y dar testimonio de lo que hemos visto y oído. La palabra testimonio no solo significa transmitir con palabras sino también dar ejemplo. El tener relaciones prohibidas, homosexuales o depravadas, según el "genero" elegido, es un perfecto ejemplo de lo que no se debe de hacer y por tanto estamos haciendo daño a mucha gente que ni siquiera conocemos, ¡no es, que no estés haciendo daño a nadie, es que no sabes a cuantos y a quienes estás haciendo un enorme daño!

Tampoco el que peca solo y a solas se encuentra exento de realizar daño a alguien, porque nuestros cuerpos no nos pertenecen, pertenecen al que nos creó, es decir a Dios. Si yo fabrico un reloj, el reloj es mío, el reloj no va a scr jamás de sí mismo, por lo tanto, si Dios nos creó, nuestro cuerpo es del Señor y estamos dañando mercancía ajena, tal y como se advierte en las tiendas de autoservicio, si dañas algo hay que pagar por ello. Eso, también está en la Biblia: (1 Cor. 6,19) *"o no sabéis que sus cuerpos son templos del Espíritu Santo y que no son vuestros"*.

Segundo.- El hecho de que una persona tan imperfecta y equívoca como nosotros los humanos pudiese otorgarse, mentalmente la preferencia sexual que quiera otorga una infinita gama de posibilidades sexuales, porque bajo el concepto de que yo puedo elegir ser como yo quiera, puedo también elegir hacer lo que yo quiera y por lo tanto implica la posibilidad de aceptar todas las conductas sexuales desviadas como la necrofilia (relaciones con cadáveres) la pederastia (relaciones con niños) la zoofilia (relaciones con animales) coprofilia (tener relaciones sexuales con ayuda de excremento) etcétera. Y aunque esto sorprenda, es verdad. La plataforma de homosexuales o como se le suele llamar "lobby gay" ya logró instituir en la Comisión de Derechos Humanos en Nueva York, 31 tipos de géneros o preferencias sexuales.[24] Eso gracias a una sola palabra, gracias a quitar el "sexo" otorgado por Dios y poner el "género" determinado por el hombre.

La cultura del género contradice toda lógica.- Si se presta atención y se piensa con calma, la idea de darnos cada quien un género es totalmente ilógica, primero, porque si empleamos esa misma lógica a todo lo demás y no habría por qué no hacerlo, tendríamos que aceptar que un ser humano es libre de sentirse perro, o que un niño se sienta adulto, ¿por qué no pensar en este momento que cualquier niño de ocho años tiene el derecho de sentirse como una persona de dieciocho años y por lo tanto ya puede fumar y beber? el niño también tiene libertad, también tiene derechos y tampoco le está "haciendo daño a nadie". O ¿por qué no pensar que cualquier joven tiene ya, más de sesenta años y puede jubilarse el día de mañana y vivir de su pensión. El mismo principio lógico que han usado para someternos a su ideología de género resulta tan absurdo cuando lo queremos aplicar a otras circunstancias incluso menos dañinas y trascendentales como la edad de una persona, la cual, dicho sea de paso, es mucho menos importante que el sexo de una persona.

Los derechos otorgados a los homosexuales son innecesarios.- Por último, hay que analizar el hecho tan grave de haber otorgado derechos civiles a la ideología de género. Hay dos tipos de derechos si podemos llamarlos así, el primero es el derecho individual que se le da a cada persona por su sola condición humana (derecho humano o fundamental). El segundo, es el derecho que el Estado otorga a un grupo específico de personas, otorgando medidas para que se les proteja de un riesgo o peligro (derechos civiles de orden público).

---

24 "Hombre o mujer no seas anticuado ahora puedes elegir entre 31 identidades sexuales". Visible en el sitio web https://www.actuall.com/familia/ hombre-mujer-no-seas-anticuado- ahora-puedes-elegir-entre-31-identidades-sexuales/.

Los defensores de la ideología de género han demandado y logrado que se les reconozca ciertos derechos como personas, con el objeto de que no se les discrimine, pero además están demandando y obteniendo derechos que solo se les reconocían a las parejas formadas por hombre y mujer, por ejemplo el derecho a contraer matrimonio, el derecho de pensión alimenticia y el derecho a adoptar.

¡Atención! todos esos derechos no eran necesario que se les otorgara, ¡porque jamás les estuvieron negados!, cualquier persona, independientemente de su preferencia sexual podía acceder a esos derechos.

Ejemplo 1.- La palabra matrimonio proviene del latín "matrimonium" (matre) que significa madre y "monium" que significa (calidad de). Es decir, matrimonio es la calidad o el oficio para ser madre; Por lo tanto, es el medio por el cual una pareja procreaba, por eso se le llama matrimonio. La calidad de la mujer es ser madre (matrimonium) así como la del padre es proveer de lo necesario en el hogar (patrimonium) desde ese simple contexto no puede ni siquiera gramaticalmente existir un matrimonio donde no hay una posibilidad de procrear, pero eso no significa que estuviese prohibido por alguna ley que dos hombres o dos mujeres o el número que se prefiera se juntaran, en unión libre, su libertad ya estaba intacta y sus derechos humanos perfectamente protegidos. Toda persona que se quisiera unir y vivir con otra u otras, estaba permitido por el Estado.

Ejemplo 2.- Si el problema era que, esas personas, ya unidas entre sí, no tuviesen derechos sobre los bienes como cualquier cónyuge, podían hacer un contrato civil o un fideicomiso otorgándose los derechos y obligaciones que prefiriesen, tal y como se realiza con los regímenes matrimoniales (sociedad legal, conyugal, etc.) y lo mismo se podía hacer para asegurar algún tipo de pensión, en caso de una separación.

Ejemplo 3.- Si el problema era que al no ser cónyuges o esposos no tuviesen derechos sobre los bienes si alguno de los dos muriese, entonces podían realizar un testamento disponiendo de sus bienes como mejor les pareciese, la ley tampoco prohibía eso.

¿Cuál era y sigue siendo el único conflicto? El derecho de adoptar. Derecho que no deben de tener. En el caso de Méjico y Jalisco, el Código Civil establece que, para que una pareja adoptase, primero debería estar unida en matrimonio, pero como el código civil define al matrimonio como la unión entre un hombre y una mujer, los homosexuales no se podían casar y por ende tampoco adoptar, pero "gracias" a la resolución de la Suprema Corte de Justicia de la Nación del 12 de Junio de 2015, ahora un matrimonio puede ser entre dos personas, no solo entre hombre y mujer, entonces, al ser la resolución de la Corte de obligatoria aplicación para toda la República Mejicana, ya se permite, es más, se obliga a las autoridades locales a que celebren matrimonios, entre dos personas del mismo sexo[25].

Ahora bien, como esas personas del mismo sexo, ya se pueden casar, sin necesidad de que sean hombre y mujer, pues entonces, ya se cumple con el requisito previo y necesario, del matrimonio, para poder adoptar. Este derecho de adopción, que no lo tenían y que no había motivo para otorgárselos ya lo tienen. Un derecho indebidamente otorgado, desde el punto de vista de los derechos fundamentales de los niños que buscan un hogar adoptivo, pues antes prevalecía el derecho del niño por encima del derecho de una persona homosexual, que sentía el deseo de adoptar.

Es decir si bien es cierto todas las personas tenemos derechos y el homosexual independientemente de su condición tiene derechos, también los niños tienen derechos y todo niño

____

25 (El 22 de Febrero del 2016, ya bajo este criterio, de la Corte Suprema se realizó el primer matrimonio homosexual, en el estado de Jalisco).

que pueda ser adoptado tiene el derecho de tener una mamá y un papá, no dos papás, no dos mamás, sobre todo cuando se ha demostrado que para la buena educación de un niño tiene que existir el amor de la madre y la corrección del padre, por eso fuimos hechos para ser hijos solamente de un padre y de una madre, porque en ocasiones necesitaríamos las características propias de una madre, su ternura, su cariño, su entrega y en otros momentos requeriríamos del correctivo, del consejo, del juego o la disciplina de un padre. Pero la Organización de las Naciones Unidas, La masonería y La Supremas Cortes de Justicias de muchas naciones han determinado que es más importante el derecho de dos homosexuales que quieran criar a un niño, que el derecho de ese niño y la obligación del Estado de protegerlo para ser adoptado sólo por una mamá y un papá.

Un argumento inválido utilizado por el movimiento homosexual es el siguiente: *"Es que hay muchos niños que no tienen a nadie y es mejor que los adopte un homosexual a vivir en un orfanato"* ¡Falso! porque el "beneficio" de poder ser adoptado por alguien homosexual, le quita, al niño su derecho a la posibilidad de ser adoptado por una pareja heterosexual y lo condena a vivir dentro de una relación anormal, antinatural y en pecado, recibiendo mal ejemplo y al mismo tiempo, con ese ejemplo, se le está diciendo que esa conducta es normal, es natural y es correcta. Se obliga al menor a vivir con una pareja que por su condición no puede pertenecer a la gran mayoría de las religiones y que por necesidad tendrá que vivir de una manera atea o agnóstica, es decir sin la presencia de Dios en su vida.

En el caso concreto de un individuo que padece de una condición de cleptomanía (es decir tendencia compulsiva a robar) también es una persona que tiene una condición anormal, también son hijos de Dios, también la Iglesia está llamada a amarlo, a respetarlo pero no acepta su acto de robo, la Iglesia también lo considera pecado y Jesucristo odia al pecado, no al pecador, pero el hecho de amarlo, respetarlo y tratar de ayudarlo, en esa condición pecaminosa, no implica darle permiso para que robe y peor aún, darle permiso de adoptar a un niño para que le enseñe que robar está bien, que así nació él y que es una preferencia que él tiene en lugar de comprar las cosas. Así de descabellado resulta esto.

En conclusión, Dios ama a los homosexuales, sabe de la prueba, tan dura que atraviesan por su inclinación antinatural y quiere lo mejor para ellos. La Iglesia siguiendo su doctrina llama a tratar a esas personas con amor, compasión y Caridad. Dios, la Biblia y la Iglesia Católica, al igual que muchas otras religiones en el mundo condenan el acto homosexual porque está prohibido por la Biblia que es la palabra de Dios, pero trata de ayudar al homosexual a evitar esa conducta acercándolo a los sacramentos y a la oración. El peligro más grave y lo más detestable es la falsa y hereje ideología de género que ataca el cimiento de la familia y los principios morales de la sociedad otorgándole el derecho a cada quien de decidir sobre su preferencia sexual y empujándolos a vivirla de manera libertina sin pensar en las consecuencias de sus malos ejemplos y de su propia condenación eterna.

CAPÍTULO SEIS

"YO NO SE POR QUÉ ES PECADO NO IR A MISA LOS DOMINGOS, YO VOY CUANDO LO SIENTO EN MI CORAZÓN Y QUIERO HABLAR CON DIOS"

La mejor manera de dar contestación a esta pregunta es haciéndolo en dos partes, primero tenemos que explicar que es para nosotros, los católicos la Misa, porque, si no entendemos el verdadero significado y lo que realmente pasa en la Misa, no podremos contestar esa pregunta. Hace poco conversaba con un amigo y me explicaba que él si iba a Misa los domingos, pero que nunca se confesaba y por lo tanto, tampoco comulgaba. Le dije tajantemente que él no creía que Dios estaba realmente en la hostia, en la Eucaristía, el me miró espantado y me dijo: "*¿por qué dices eso?* Le contesté: "*es muy simple, si realmente lo creyeras recibirías la Sangre y Carne de Jesucristo siempre que pudieras y la única explicación lógica de no recibir semejante regalo es que no crees en ello*".

Un poco de historia.- Hace aproximadamente unos tres mil años atrás existió un hombre de origen judío, llamado Moisés, este personaje resulta central para la religión judía como para la Católica, porque es la persona que se encarga de liberar al pueblo judío de Egipto. Hace 3350 años, según datos históricos narrados en el Primer libro de los Reyes, capítulo 6, bajo el reinado de Tutmosis III, el pueblo judío estaba esclavizado por el Egipcio. Ayudaban a construir las pirámides y palacios de los cuales todavía algunos persisten. El pueblo judío no era considerado una nación, simplemente era una gran familia, dividida en 12 tribus, con una firme creencia religiosa de un solo Dios. Moisés, siendo aún bebé fue rescatado de las aguas y adoptado y criado por la hija del Faraón, quien había mandado matar a todos los bebés judíos, varones, Mitos y Realidades de la Iglesia Católica para que no se multiplicasen más. Al crecer Moisés y dándose cuenta de la condición de esclavitud que guardaban los judíos, defendió a un esclavo judío de un capataz egipcio dando muerte a éste y no quedandole más remedio que huir, ya que el capataz era empleado de una persona muy cercana al Faraón. Moisés, huye, conoce a un pastor llamado Jetro, quien amablemente le ofrece a una de sus hijas, como esposa, de nombre Séfora. Tiempo después al ir Moisés pastoreando su rebaño, justo en el monte Horeb, recibe un mensaje de Dios a través de una zarza ardiente y le pide que libere al pueblo judío del dominio egipcio. Moisés duda, consulta, pero al final se pone en marcha hacia Egipto y le pide amablemente al Faraón que libere a su pueblo porque así lo mandaba Dios. El Faraón que obedecía no a uno sino como a cincuenta dioses se niega y Moisés lo obliga avisándole de cada una de las diez famosas plagas mandadas por Dios a Egipto, las cuales fueron la consecuencia de su desobediencia. Es, hasta la décima plaga que el Faraón accede.

¿Por qué accedió, el Faraón ante esta última plaga? Porque consistía en nada menos que matar a cada primogénito de cada familia que estuviera en Egipto, de cualquier nacionalidad o religión. ¿Que tenía que hacer el pueblo judío para que sus hijos no muriesen? Bueno, Dios le dio a Moisés una lista de cosas muy precisas que debían hacer; primero debían de conseguir un cordero, que el cordero no tuviese mancha o defecto alguno, cocinarlo para no comer la carne cruda, comérselo con pan sin levadura y hierbas amargas, realizar una cena formal por casa, con toda la familia, manchar con la sangre del cordero los postes y el umbral de la puerta de la casa y después comer todo el cordero, si sobraba habría que quemarlo pero para que no sobrara podían compartir la cena entre dos o más familias dependiendo el tamaño de la familia y del cordero. Una vez que realizaron esta ceremonia, al pie de la letra, murieron todos los primogénitos de Egipto que no habían manchado con la sangre del cordero sus casas, entre ellos el hijo del Faraón, quien con mucho dolor llamó a Moisés y le dio permiso de irse con todo su pueblo, luego se arrepintió, lo persiguió y se ahogó queriendo pasar las aguas del mar Rojo por el Mediterráneo. El libro del Éxodo termina con la entrada del pueblo judío a la tierra de Canaán, la tierra prometida por Dios a su pueblo y que hoy corresponde a la franja de Gaza, Cisjordania, algo de Siria y Líbano.

Pascua judía. A esta liberación, los judíos la recordaban cada año sin par de hecho, era y sigue siendo la fiesta más importante para los judíos y la llaman "fiesta de la Pascua". (Ex. 12,14). Y ¿cómo la celebran? Reproduciendo de manera exacta la cena Pascual, del libro del Éxodo, comiendo un cordero, sin mancha ni defecto, cocinado con fuego, con pan ázimo, con hierbas amargas, en familia y dando gracias a Dios por su liberación. Dentro de esa celebración se acostumbra, por tradición, celebrar esa cena con cuatro copas de vino; la primera se toma y simboliza la bendición de la mesa, la segunda se derrama sobre la mesa y significa el dolor por la esclavitud que se tuvo, la tercera significa la redención el perdón o la compra del perdón por medio del dolor (el paso de 40 años a través del desierto antes de llegar a la tierra de Canaán) y la cuarta copa significa la consumación, la entrada a la tierra prometida. Copa que se toma hacia abajo por que los judíos todavía esperan al Mesías.

1500 años después de esa liberación, Jesús vino a la Tierra y precisamente la noche de los panes denominada fiesta de la Pascua, a vísperas de que fuera sentenciado a la muerte por cruz, celebró con sus apóstoles la cena de la Pascua. En esa cena, Jesús habló con sus apóstoles y mientras comían, Él, partió el pan, se los pasó y les dijo: *"esto es mi Carne"*, pasó el vino y les dijo: *"esta es mi Sangre que será derramada para el perdón de los pecados"* y después, según el evangelio de Mateo (26, 29) dice: *"Ya no voy a probar del fruto de la vid, hasta que esté en el reino con mi Padre"*. A esa celebración realizada por Jesucristo, precisamente en la Pascua judía, nosotros, los católicos le llamamos la "Pascua Cristiana".

Ahora bien, el lector seguramente podrá decir: ¿Que *tiene que ver la historia que nos acaba de contar con la Misa?*, la respuesta es simple. ¡Tiene que ver todo!

Los escritos del Éxodo que narran la liberación judía, de los egipcios, se encontraba plenamente documentada mucho antes del tiempo de Jesús, se sabía, exactamente qué había pasado y la importancia que tenía para los judíos esta celebración. Ahora bien, un aniversario de esa Pascua, precisamente en esa fecha, es Jesucristo mismo quien transforma la celebración de la Pascua judía instituida por Dios mismo, más de mil años antes de que él viniera al mundo, en una nueva celebración Pascual donde también, al igual que en el éxodo, nos da instrucciones muy claras para hacerla. Él se encuentra reunido con su familia (espiritual) da gracias a Dios Padre, bendice el pan ácimo y el vino, nos dice claramente: *"esto es mi Cuerpo y esto es mi Sangre, Sangre que será derramada para el perdón de los pecados"*. Es decir, Jesús nos está dando nuevamente instrucciones precisas, pero esta vez, no para liberarnos del pueblo Egipcio y conducirnos a la tierra prometida de Canaán. Esta vez lo hace para liberarnos del pecado y conducirnos a la tierra prometida del Reino de los Cielos.

Cuando Jesús celebró la Pascua judía en la última cena, la celebró 1220 años después de haber ocurrido, porque así lo ordenó Dios que se hiciera desde aquél entonces (Ex. 12, 14). *"ustedes harán recuerdo de este día año tras año y harán una fiesta en honor a Yavhé"* y más de dos mil años después de que Cristo vino al mundo, nosotros festejamos la cena Pascual instituida por Jesucristo, porque así nos lo ordenó Él: *"¡Hagan esto en conmemoración mía!"* (Lc. 22, 19)

Analicemos de manera rápida la relación que existe entre la antigua Pascua judía y la nueva Pascua cristiana:

1.- La vieja Pascua judía se instituyó por Dios, para liberar al pueblo judío del dominio Egipcio y en la nueva se instituyó por Dios, hecho hombre para liberarnos del dominio del pecado.

2.- En la Pascua judía se tenía que estar reunido con la familia para participar de la cena. En la nueva Pascua, Jesús se reúne con sus apóstoles, que Él consideraba su familia espiritual. En Mt. 12, 48, Jesús dice: *"¿Quién es mi madre y mis hermanos? y volviéndose a sus discípulos dijo: estos son mi madre y mis hermanos"*.

3.- En la Pascua judía se tenía pan ácimo (sin levadura) en la nueva cena Pascual también.

4.- En la celebración de la antigua cena Pascual judía se usan cuatro copas de vino, la primera es la bendición, lo mismo que hace Jesús en la cena Pascual nueva: *"Y dándote gracias lo bendijo y lo dio a sus discípulos"* (Mt. 26, 26); En la segunda copa de vino, de la antigua Pascua judía, se recuerda la esclavitud física del pueblo judío y en la nueva cena Pascual se recuerda la esclavitud espiritual del pecado; en la tercera copa judía se celebra la redención o el pago por el perdón de los pecados, en la nueva Pascua, Jesús nos asegura que la copa de vino es su Sangre *"Sangre de la alianza, nueva y eterna que será derramada para el perdón de los pecados" (Mt. 26,28)* y en la última copa, dentro de la Pascua judía, se simboliza la consumación de la cena y la espera del nuevo Mesías y en la nueva cena Pascual ¿qué hace Jesús? ¡No se la toma! En la última cena Jesús no se toma la última copa de vino ¿qué hace en su lugar? Dice (Mt. 26,29) *"y en verdad les digo que no volveré a probar el fruto de la vid hasta que esté de nuevo con ustedes en el reino de mi padre"*, Es decir, todavía no da por concluida la cena, todavía no quiere acabar con el banquete Pascual ¿Por qué? ¿Qué hace falta en esta nueva cena Pascual, que si había en la Pascua judía? ¡El cordero! un cordero sin defecto y sin mancha, tal y como lo es Jesús, sin pecado sin defecto, por lo tanto larelación con el cordero de la Pascua judía, es el mismo Jesús, que se inmola, se sacrifica a sí mismo como un cordero y Él mismo, se vuelve la cena Pascual cuando es crucificado transformando y uniendo, en el momento que expira, la Pascua cristiana y la Pascua judía y prueba de ello es que antes de morir dice *"todo está Consumado"* (Jn. 20,30). Habla precisamente de la cena y celebración Pascual, de la cena que ahí concluye de manera temporal pero que seguirá para siempre con el sacrificio del cordero, que ya no es más un animal, sino el mismo Dios, que hecho hombre, se hace cordero para sacrificarse por nosotros y así, podernos redimir, es decir pagar la deuda de nuestros pecados con la promesa de que cada vez que hagamos esa cena Pascual en conmemoración suya ahí estará su Carne y su Sangre para que la comamos y bebamos.

Una vez explicado el significado de las dos Pascuas y sobre todo dejar definido que es la Pascua cristiana, para nosotros los católicos, se establece que la cena Pascual donde se comió la Carne de Jesús y se bebió su Sangre, no fue una sola, ni una sola vez. No solo fue aquella noche de Pascua, sino que aquella, fue la primera. Dios dice: *"Yo estaré con ustedes todos los días hasta el fin del mundo"* (Mt. 28,20). Jesús hace evidente que esa presencia de su Carne y su Sangre no es, de ninguna manera una presencia simbólica, sino una presencia real. En (Jn. 6, 52-58). El evangelista nos cuenta que los judíos discutían entre sí diciendo: *"¿Cómo puede éste darnos a comer su Carne?"* y Jesús les dice: *"En verdad, en verdad os digo: si no coméis la Carne del Hijo del hombre, y no bebéis su Sangre, no tenéis vida en vosotros. El que come mi Carne y bebe mi Sangre vive de vida eterna y yo lo resucitaré el* último *día. Porque mi Carne es verdadera comida y mi Sangre verdadera bebida. El que come mi Carne y bebe mi Sangre, permanece en Mí, y Yo en él. Lo mismo que el Padre, que vive, me ha enviado y Yo vivo por el Padre, también el que me coma vivirá por Mí. Este es el pan bajado del cielo; no como el que comieron vuestros padres y murieron; el que coma este pan vivirá para siempre".*

No. Jesús no habló en sentido figurado. Cuando Jesús habló en parábolas o en sentido simbólico, inmediatamente lo explicó Él o el evangelista. Por ejemplo: cuando Jesús dice: *"de-*

struyan este templo y en tres días lo reconstruiré" (Juan 2, 19) inmediatamente, San Juan explica que Jesús hablaba de ese templo que es su cuerpo. En cambio, en Juan 6, 53, Es claro y literal: *"El que no coma mi Carne y beba mi Sangre"*. Tan claro habló que el evangelio continúa diciendo: *"muchos de los discípulos que estaban con* Él, *después de oír eso se fueron"* (Jn. 6, 66.) pero Jesús no los corrige, lo que hace, es exactamente lo contrario voltea y les pregunta a sus doce apóstoles: *"¿También ustedes quieren marcharse?"*. Jesús no corrige el discurso no voltea y les dice que entendieron mal o que hablaba con simbolismos, no, Jesús confirma que lo que ha dicho es literal y pregunta a los doce apóstoles:

¿Quién *se quiere ir?* Por eso resulta evidente que la Eucaristía que comemos hoy en día es verdadera Sangre y verdadera Carne de Cristo y como ya quedó explicado en el capítulo tres, no importa que tan pecador sea el sacerdote, Dios hace eso posible, pues es Dios el que actúa a través del sacerdote.

Entonces, en conclusión, todos debemos de comer el Cuerpo y la Sangre de Jesucristo para salvarnos. ¿Cómo lo podemos hacer? ¿Dónde la comemos y la bebemos? solamente tenemos que acudir a la cena Pascual, a la cena del cordero que se sacrifica y ¿dónde es eso? ¡En MISA!

La Didajé. La Misa no es un invento reciente de la Iglesia Católica para recaudar limosnas, fue instituida por el mismo Jesucristo, el día que celebró su última cena. Esa Misa o celebración Eucarística se practicaba desde los mismos inicios del cristianismo. Existe un documento que data desde el año 40 al 90 después de Cristo redescubierto por el monje ortodoxo llamado Filoteo Bryennios, en 1873, llamado "Didajé" o "enseñanza de los apóstoles". Ese documento estuvo a punto de ser incluido como libro sagrado dentro del nuevo testamento, por su importancia y claridad en abordar temas sustanciales de la fe cristiana, como el bautismo y la Santísima Trinidad, sin embargo se decidió dejarlo fuera como una guía de enseñanza acerca de la liturgia (reglas que regulan el culto de la Iglesia Católica para la adoración pública de la Eucaristía). En la "Didajé" se define perfectamente lo que ya desde entonces era la Misa, su importancia y trascendencia, la certeza de la Existencia de la Sangre y de la Carne en la Hostia y su debida celebración en domingo.

La Misa, como todo mundo la llama, no solo es una reunión, donde se recuerda lo que hizo Jesús. Se podría escribir mucho de todo lo que pasa en la Misa, pero me conformo con decir que es una gran celebración, la más grande de toda la religión Católica donde se conmemora y contempla el sacrificio, muerte y resurrección de Jesucristo y esa gran fiesta se celebra de la misma manera que nosotros festejamos cada celebración importante. En primer lugar, en cada gran fiesta que se organiza invitamos a la familia; así también, en la Misa se invita a la familia Católica, a toda la comunidad que somos familia, pues todos somos hijos de Dios y por lo tanto hermanos. En segundo lugar, como en cada gran celebración, compartimos gratos momentos, recordamos anécdotas, unas con alegría y otras con cierta tristeza y nostalgia; igual hacemos en la Misa con las lecturas de la palabra, del antiguo testamento, en la primera lectura y del nuevo testamento leyendo las cartas de San Pablo, San Pedro, Santiago, de San Juan y San Judas (segunda lectura) y posteriormente en el Evangelio se da cuenta de la vida del Señor leyendo uno de los cuatro evangelios de Lucas, Marcos, Mateo o Juan, es decir, se recuerda, en especial, algún aspecto de la persona a la que se está festejando. Hoy en día está de moda el correr un video con las mejores fotos del festejado, pues en la Misa pasa lo mismo nada más usando la palabra en lugar de una pantalla. Después y siguiendo con la comparación entre la Misa y nuestras grandes conmemoraciones, el anfitrión da la bienvenida y ofrece unas palabras con base a lo que se festeja, una verdadera plática de familia. En las bodas, por ejemplo, es muy común que éste uso de la voz lo hagan los padrinos o en los quince años el papá de la festejada. En la Misa a eso se le llama homilía o sermón. Pero la parte más importante de cada festejo, el momento cúspide del evento es el banquete, la cena, que es precedida del brindis; pues, en la Misa es exactamente lo mismo, lo más importante es la Eucaristía, la cual es precedida por la consagración de las especies, cuando gracias al poder divino conferido al sacerdote, se realiza el gran milagro de convertir vino y pan en la Sangre y la Carne de nuestro Señor Jesucristo y todos los invitados participamos de esa cena recibiendo a Dios, a través de la comunión. Porque sin esa comida no tendremos vida eterna. (Jn. 6,58.) Eso, estimado lector es la Misa.

Ahora ya sabemos lo que es y lo que significa para los católicos la Misa, es la celebración más importante, donde conmemoramos la muerte y resurrección de Jesucristo, Dios hecho hombre, donde recordamos su palabra, sus obras y principalmente donde comemos su Sangre y su Cuerpo, alimento sin el cual no podemos vivir.

Entonces, al saber que la Misa es la fiesta más importante de nuestra religión y recordando el tercer mandamiento *"santificarás las fiestas"* sabemos que Dios mismo, desde que escribió los diez mandamientos a Moisés, estaba ordenando celebrar las fiestas, en ese entonces la cena Pascual judía y hoy la cena Pascual cristiana. Entonces ¡si es un mandato de Dios! y si no lo hacemos pecamos de desobediencia a Dios, pero más aún le damos la espalda a Dios, que sabiendo que está realmente presente en el sacramento del altar no acudimos a Él, no vamos a su casa a su fiesta y no acudimos a su banquete. Si se lo hacemos a un amigo se enoja, si se lo hacemos a nuestros padres nos dejan de hablar, si se lo hacemos a la novia termina la relación y si se lo hacemos a nuestra esposa nos pide el divorcio, ahora imagínense que es a Dios mismo al que se lo hacemos, es una grave, muy grave ofensa, sobre todo porque no es un solo día a una sola hora, tenemos todo el día domingo para escoger a qué hora regalamos 45 minutos de nuestro tiempo para participar en el banquete de Dios y del milagro más grande de la historia, que se repite todos los días a todas horas, en todo el mundo cumpliendo la promesa del señor: "Yo estaré con ustedes todos los días hasta el fin del mundo" (Mt. 28,20).86

CAPÍTULO SIETE

ATAQUES A LA SANTÍSIMA VIRGEN MARÍA. ¿FUE SIEMPRE VIRGEN MARÍA? ¿TUVO MÁS HIJOS?

El tema de los ataques a la virginidad de María, así como el referente a que tuvo más hijos es un tema que a mí en lo personal me molesta mucho, a nadie le gusta que hablen mal de su mamá y mucho menos sin pensar, creo yo que conscientes de la molestia que nos causa a los católicos, los protestantes de manera persistente y obligatoria, cada vez que sacan a la plática la religión Católica alegan que María no fue concebida sin pecado, que no fue virgen, que tuvo más hijos, que no es Madre de Dios y que murió como cualquier persona, es decir, atacan los cuatro dogmas marianos. En este capítulo, únicamente trataré los dos temas más recurridos por los protestantes, me referiré, solamente a la virginidad de María y al ataque persistente de todas las sectas que afirman que la Madre de Dios tuvo más Hijos.

Los protestantes, siempre al referirse a cada uno de los dogmas marianos lo hacen aparentemente sin atacarla, dicen que seguramente ella fue una gran mujer porque tuvo por hijo a Jesús, pero que eso no le da el título de madre de Dios, que no podemos pedirle nada a ella pues sería ponerla en lugar de Dios y eso sería idolatría, es decir, poner en lugar de Dios a alguien que no lo es. En primer lugar, hay que decir, que si María fue la Madre de Jesús y Jesús es Dios mismo, entonces por un simple silogismo llegamos a la conclusión que María si es la Madre de Dios. Afirmar lo contrario sería repetir las herejías ebionistas y adopcionistas del siglo primero donde consideraban a Jesús una persona distinta de Dios y eso ni los protestantes lo creen. A excepción de los testigos de Jehová y los Mormones, todos los protestantes luteranos, evangélicos, calvinistas, etc. Afirman al igual que nosotros que Jesús es la segunda persona de un solo Dios.

En segundo lugar, aprovecharé este tema para corregir rápidamente a los protestantes. Cuando nosotros le pedimos algo a la Virgen María o a las personas declaradas como Santas por la Iglesia Católica, no les estamos pidiendo otra cosa más que su intercesión con Dios, su ayuda a pedirle algo a Dios por nosotros, aprovechando que por su maternidad divina, en el caso de la Virgen María o por su vida extraordinaria de santidad, en el caso de los santos están más cerca de Él y pueden ser escuchados con mayor complacencia por Dios. Así, como en las bodas de Caná (Jn. 2,1) es hasta que María, su Madre les dice a los sirvientes que hagan exactamente lo que Él les diga, que Jesús atiende y convierte el Agua en vino, así también esperamos ese tipo de intervención por parte de todos los santos y por supuesto de nuestra Santísima Virgen María, en favor de nuestras súplicas.

En otras palabras, si nosotros queremos un par de boletos para nuestro concierto favorito y no tenemos dinero para comprarlos, cabe la posibilidad de ir a pedírselos al dueño del teatro y eso estaría muy bien, si nos dejaran pasar a pedírselos en persona, pero muy probablemente nos saque el personal de seguridad antes de haber logrado pasar el umbral de la puerta, lo más probable es que haya mucha gente con la misma intención, pero sí de casualidad tenemos una relación más cercana con su asistente personal o con su amigo más cercano, podemos pedirles a esas personas que, sin ser los dueños del teatro, puedan pedir el favor por nosotros y nos puedan conseguir esos boletos. No estamos creyendo ni por un instante que nuestro conocido, sea el dueño del teatro, ni que sea él quien decida, pero estamos seguros que tiene toda la influencia necesaria con el dueño para pedirle los boletos y conseguirlos.

Lo mismo pasa con los santos y con María, sabemos que ellos no son Dios, sabemos que ellos no deciden ni son los dueños de los "boletos" pero estamos seguros que, por su propia grandeza y santidad, se encuentran en un lugar muy cercano a Dios y esa cercanía, entre ellos y nosotros y ellos y Dios, nos puede ayudar a que se nos conceda lo que pedimos, aunque por nuestros pecados y por nuestra pequeñez no debiera de ser concedido, si no lo pidiese alguien en mejor posición que nosotros. Cuando los protestantes preguntan ¿por qué pedimos una cita con el médico, a la mamá del doctor, en lugar de al doctor mismo? hay que contestarles que se la pedimos a la mamá por que el doctor podrá estar todo lo ocupado que quiera pero si su mamá le pide una cita para mí, a su mamá no le va a negar nada y seguramente me va a dar la cita mucho más rápido que si se la pidiera yo mismo y lo más seguro es que ni siquiera me cobre; Es decir María es la mejor intermediaria e intercesora que podemos tener porque Ella, es nuestra mamá y la Madre de Dios al mismo tiempo y Él no le podrá negar nada que sea para nuestro bien.

Una vez aclarado el punto y entrando al tema de la maternidad de María, hay que decir que los protestantes, principalmente aseguran que María tuvo más hijos, por tres razones bíblicas.

1.- Porque en la Biblia se hace referencia a los "hermanos" de Jesús y en consecuencia dicen que María tuvo más hijos. Cabe mencionar que así como los protestantes se jactan de leer literalmente la Biblia, en ninguna parte de las escrituras se dice "*hijos de María*" solo se dice hermanos de Jesús.

Vamos pues, a ver los pasajes donde los protestantes basan las acusaciones de que Jesús tuvo hermanos y por ende, la Virgen María, más hijos: *(Mt 13, 55-56) "¿No es el hijo del carpintero? ¿No se llama María su madre? ¿No son sus hermanos Santiago, José, Simón y Judas? Y sus hermanas, ¿No están todas viviendo entre vosotros?*

(Mc 3, 32) "Oye, tu madre, tus hermanos y tus hermanas están afuera y preguntan por ti".

(Gal 1, 18) "Pero no vi a ningún otro apóstol, sino a Santiago, hermano del Señor".

2.- También hacen referencia a que José tuvo relaciones sexuales con María, utilizando la frase "hasta que" como indicativo de que lo que no había pasado hasta entonces pasó después.

(Mt 1, 25) "Y no la conoció hasta que dio a luz un hijo al que José le puso el nombre de Jesús".

3.- Por último, utilizan la palabra primogénito para decir que Jesús fue el primero de otros hijos.

(Lc 2, 7) *"Y dio a luz a su primogénito".*

Con esos ejemplos más de algún católico dudaría de sus creencias. Gracias a ese tipo de argumentos, pero sobre todo a nuestra falta de preparación en estudiar nuestra propia religión, es que perdemos la fe y creemos cosas tan descabelladas como éstas.

Ahora demostraré, con la misma Biblia que utilizan para cuestionar, por qué están equivocados.

En primer lugar hay que aclarar que con independencia del idioma en que se escribieron los primeros evangelios (arameo y griego) la historia que se narra en ellos es de origen judío y retrata la cultura hebrea, pues trata de la vida de nuestro Señor Jesucristo, que era judío y que además del arameo hablaba el hebreo. Dicho de otra manera, las personas que escribieron por primera vez los evangelios lo hicieron con referencias en el lenguaje hebreo y la cultura judía.

En ese contexto, hay que señalar que la palabra hebrea para determinar hermano es "aj" y para hermana es "ajó" y ¿cuál era la palabra para primo, prima, tío o tía, sobrino o sobrina? la misma, porque no existía una palabra que determinara cada una de estas acepciones. Entonces, si uno oía la palabra "ajó" bien podía tratarse de una hermana o de una tía. De hecho en ese entonces no importaba tanto porque las familias eran tan amplias y tan unidas que prácticamente era lo mismo, vivían y convivían juntos.

Ejemplo: en el libro del Génesis capítulo 12, versículo 5, se puede leer:

"Abram tomó a Saray, su esposa, y a Lot, hijo de su hermano".

Resulta claro que Abram es tío de Lot; sin embargo, más adelante lo llamará su hermano: *"Así pues, Abram le dijo a Lot: Mira, es mejor que no haya peleas entre nosotros, ni entre mis pastores y los tuyos, puesto que somos hermanos." (Gn 13, 8).*

Pasa lo mismo con la expresión "hasta que" la cual no significa lo mismo en hebreo o en griego que en nuestro idioma español actual. Cuando en el texto se nos dice que José no tuvo relaciones o no "conoció" a María "hasta que" nació Jesús, no significa que posterior al nacimiento de Jesús, José y María tuvieron relaciones. Para el lenguaje hebreo significa que eso no sucedió jamás.

Por ejemplo: dentro del Antiguo Testamento, en el libro de Samuel, capítulo 6, versículo 23, se lee la siguiente frase: *"Y Micol, hija de Saúl no tuvo hijos hasta el día de su muerte".* ¿Querrá decir acaso, que Micol tuvo hijosMitos y Realidades de la Iglesia Católica después de muerta? La respuesta, obviamente, es no, significa que para el lenguaje hebreo la frase "hasta que" significa nunca.

Caso similar ocurre con la palabra "primogénito" para nosotros, en la actualidad significa el primero de muchos, pero en el vocablo hebreo de aquel entonces, significaba el primero sin importar si habría más.

Por ejemplo: dentro del primer libro Crónicas, capítulo 23, versículos del 15 al 17 se puede leer: *"Hijos de Moisés: Guerson y Eliezer. Hijos de Eliezer: Rejabías, el primogénito. Eliezer no tuvo más hijos, pero los hijos de Rejabías fueron numerosos" (1 Cro 23, 15-17).* Evidentemente se le nombra primogénito a Rejabías, aunque después sabemos, por el mismo texto que éste, no tuvo hermanos, lo que demuestra que a todos los hijos únicos también se les llamaba primogénitos.

Desde el punto de vista gramatical con la misma Biblia que los protestantes ponen en duda si María tuvo o no, más hijos, se les prueba que no es así y que las acepciones gramaticales de "hermano" "hasta qué" y "primogénito" no significan lo que en español y al día de hoy significan.

Con ese sencillo argumento bastaría para echar por abajo todo el planteamiento de que Jesús tuvo hermanos o que María no fuese siempre virgen, pero no quisiera dejarlo solo ahí, me gustaría explicar con el texto de la Biblia en la mano de quien son hijos, los personajes a los que se refieren las citas bíblicas que usan los protestantes.

El primer texto que usan los protestantes para argumentarle hijos a María es: *"¿No es el hijo del carpintero? ¿No se llama María su madre? ¿No son sus hermanos Santiago, José, Simón y Judas? Y sus hermanas, ¿No están todas viviendo entre nosotros?"* (Mt 13, 55-56). Ya dije antes, que en ninguna parte se dice: hijos de María. Pero miremos los cuatro nombres y memoricémoslos: Santiago, José, Simón y Judas. Lleguemos a conocer quién es la madre de estos cuatro personajes.

Comenzando por el evangelio de Mateo, lleguemos al momento de la Cruz: *"Estaban también allí, muchas mujeres... de las cuales eran María Magdalena y María madre de Santiago y de José, y la madre de los hijos de Zebedeo"* (Mt 27, 55.56). De este texto podemos concluir lo siguiente:

✓ No se hace mención de María la Madre de Jesús. El texto claramente habla de "muchas" mujeres.

✓ Se menciona una María, madre de José y Santiago. (Si fuera la Virgen María lógicamente diría *"la madre de Jesús"* y no de José y Santiago).

✓ Se menciona la madre de los hijos de Zebedeo: Santiago y Juan. (Mt 10,

✓ 3) *"estos son los nombres de los apóstoles, Santiago hijo de Zebedeo y su hermano Juan"*).

✓ Por lo tanto María, Madre de Jesús es una persona distinta a María la madre de José, de Santiago y a la madre de Juan.

Con esa simple narración queda aclarado que la madre de José y Santiago es una mujer de nombre María que no es la madre de Jesús.

En cuanto a Judas hay que decir que obviamente se trataba de Judas Tadeo, no el traidor que era Iscariote. En (Lc. 16,6) nos muestra que Santiago, hijo de Alfeo, es hermano de Judas Tadeo. Por otro lado sabemos que este Judas fue el autor de "la Carta de Judas", la cual dice: *Judas, siervo de Jesucristo, y hermano de Santiago"* (Jud 1, 1). Vemos que Judas se presenta como hermano de Santiago, pero no de Jesús, si así fuese hubiera preferido decir hermano de Jesús y no de Santiago, En su carta, Judas se proclama hermano de Santiago pero no de Jesús, de quien se llama siervo.

Por último queda Simón, que la Biblia nos muestra como hijo de María, pero que los evangelistas nos demuestran que esa María es María de Cleofás, hermana de San José y que por ese motivo llamaban a Simón hermano de Jesús, porque siendo primos entre sí, como ya he dicho, no existía palabra distinta que definiera ese parentesco.

Otros argumentos más simples para no creer en los "otros hijos de María".- Hay otros argumentos para establecer con toda certeza que Jesús no tuvo hermanos y que se deducen de los mismos evangelios y de las costumbres judías de la época, por ejemplo:

1.- Si Jesús tuvo más hermanos, debió entregarles a María a estos hermanos; pero lo que hace es dársela a Juan, hijo de Zebedeo y el cuál también tenía a su madre biológica en ese mismo lugar, como ya he referido en líneas precedentes. En la cultura judía, una mujer no debía quedar sin marido ni hijo y si esto pasaba, alguien debía acogerla. Esto demuestra que al morir Jesús en la Cruz y al ser viuda, la virgen María ya no tenía a nadie quien se ocupara de ella, por ese motivo Jesús entrega a su discípulo Juan, el cuidado de su Madre divina.

2.- En la cultura judía, un hermano menor no podía aconsejar a uno mayor y a Jesús, sus hermanos le aconsejan que vaya a Jerusalén: *"Por eso sus hermanos le dijeron: Sal de aquí, y vete a Judea para que también tus discípulos vean las obras que tú haces."* (Jn 7, 3).

3.- En la anunciación, María no sabe cómo concebirá a Jesús, pues ella dice: *"¿Cómo será esto, pues no conozco varón?"* (Lc 1, 34) Si María hubiera pretendido tener relaciones matrimoniales con José, más adelante, esta pregunta sería absurda. María desde siempre pensó en ofrecerle su virginidad a Dios, pues de lo contrario, al decirle el ángel que daría a luz, ella se hubiera imaginado tenerlo con José; pero su respuesta demuestra su firmeza en mantenerse virgen. Miremos el caso de Sara, esposa de Abraham cuando Dios le promete un hijo en su vejez, ella no pregunta: ¿cómo sería eso? pues obviamente ella supuso que lo tendría con Abraham; mientras que María no pensó así. Al contrario, preguntó porque su ideal era ser virgen por amor del Reino de Dios.

Si un hermano protestante ha sido honesto leyendo en su Biblia este estudio, debe reconocer que María siempre ha sido Virgen. Esta doctrina fue establecida en forma de dogma en el Concilio de Letrán en el año 649, donde se expresa: *"María fue virgen antes del parto, durante el parto, y después del parto"*. También expresa el Concilio Vaticano II: *"…cuando la Madre de Dios, llena de alegría muestra a los pastores y a los magos a su Hijo primogénito, que lejos de disminuir consagró su integridad virginal"*.[26]

---

26 Constitución dogmática sobre la Iglesia del Concilio Vaticano II, Lumen Gentium, cap. 8, 57.

CAPÍTULO OCHO

¿CUALQUIER RELIGIÓN ES BUENA PARA SALVARSE? ¿NO ES NECESARIO SER CATÓLICO?

Para contestar a este cuestionamiento hay que entender que esa pregunta generalmente es una pregunta capciosa y malintencionada. ¿Por qué digo esto? Bueno, porque resulta obvio que quien hace esa pregunta lo hace con una doble intención, la primera, es obligar al católico a decir que no, que la Católica es la religión única por la cual se puede salvar una persona del infierno y alcanzar el cielo. En ese momento, el que cuestiona va a contestar, *bueno, si tu Dios es tan misericordioso como dices, ¿cómo es posible que condene a alguien por no ser católico? imagínate que una persona que es muy buena y que nunca le hizo daño a nadie nació en un hogar judío o musulmán, nunca conoció al Dios de los católicos y nunca tuvo la oportunidad de conocer la fe cristiana, ¿cómo puede esa persona condenarse al infierno?* En ese momento muchos católicos ya no saben qué decir, porque el aceptar que esa persona se puede ir al cielo, sería como aceptar que cualquier persona sin algún conocimiento de la fe cristiana, sin seguir sus reglas y sus mandamientos puede salvarse. Esa idea es usada por personas que prefieren no seguir ninguna religión, al fin y al cabo si cualquiera es buena, también el no tener ninguna es válido, siempre y cuando sea una buena persona y no le haga daño a nadie.

Si, la pregunta es capciosa porque nadie en este mundo puede decir con certeza quien se va a salvar y quién no. Cuando una persona se suicida o muere en aparente pecado mortal o matan a un narcotraficante y asesino, no sabemos que le espere en el más allá, pues el único que juzga y salva o condena es Dios, en un juicio pérsonal e individual a esa persona. Tendríamos que ser Dios para saber qué persona se salva y cual no, a eso me refiero cuando comento que la pregunta es capciosa.

La respuesta más clara y tajante a esa pregunta engañosa es una más clara y al mismo tiempo más ingeniosa que la pregunta. LA ÚNICA RELIGIÓN QUE SI LA SIGUES CORRECTAMENTE TE GARANTIZA ALCANZAR EL CIELO ES LA CATÓLICA. En consecuencia el seguir cualquier otra religión, creencia o secta te pone en inminente peligro de condenación eterna.

La explicación es simple, nadie puede saber quién se va a condenar pero si sabemos y podemos estar seguros de quien se va a salvar y son las personas que sigan las reglas de la religión Católica. ¿Cómo lo sabemos? Porque fue el mismo Dios quien bajó del cielo, quien se hizo hombre, quien fundó su propia Iglesia, quien nos dio las reglas a seguir y nos prometió que el que crea, en Él, sea bautizado y siga su doctrina estará con Él en la casa del Padre. ¿Qué otra religión te dice eso? ¿En qué otra religión, su Dios se hizo hombre? ¿En cuál otra su Dios se sacrificó por su pueblo? y ¿En qué otra creencia su Dios murió y después resucitó para dar testimonio de su verdad? La respuesta es categórica, en Ninguna.

Una sola Iglesia. La Biblia enseña que Jesucristo fundó una única Iglesia. Esto es lógico. Si hay un solo Dios, una sola fe, un solo bautismo y un solo Mediador, debe haber una sola y única Iglesia.[27]

En ninguna otra religión conocen a su Dios, son seres místicos desconocidos, en ninguna otra religión nadie ha aceptado ser Dios, buda se autoproclamó un hombre santo y sabio pero jamás dijo ser Dios, Mahoma se dijo profeta, jamás ser Dios, para los judíos no ha llegado aún, el único que ha dicho ser el mismo Dios fue Jesús y nadie lo ha podido contradecir o refutar, nadie ha demostrado engaño en sus milagros o error en sus enseñanzas.

---

27 Constitución dogmática sobre la Iglesia del Concilio Vaticano II, Lumen Gentium, 8.

En ese sentido creo que se puede contestar ese cuestionamiento, sin embargo resulta conveniente que sepamos de donde viene nuestra religión para comprobar que es la única opción que nos da la seguridad de la salvación eterna.

Jesús, Dios, loco o mentiroso. Muchas religiones y sectas le dan a Jesús un lugar notable en la historia. Para empezar el tiempo se divide en antes y después de Él, ninguna religión hizo eso, otros dicen que fue un gran hombre y un profeta pero que no era Dios. ¿Se puede pensar en un disparate más grande? Jesús no pudo haber sido solo un gran profeta y un hombre santo porque Él, se auto proclamó Dios mismo. Si seguimos esa lógica o Jesús es en verdad Dios o es el más grande mentiroso de la historia, no puede ser un buen hombre cuando nos mintió y dejó que otros murieran por la creencia de que Él, era Dios mismo y si tampoco era un mentiroso, la única explicación que queda es que estaba loco, para dejarse matar precisamente por la afirmación de que era Dios, pues a Cristo lo matan por el delito de blasfemia, delito castigado con la muerte.

Solo se tienen tres opciones o Cristo era Dios o era muy pero muy malo y mentiroso o estaba loco. En ese sentido hay que decir que en toda su doctrina estudiada por miles de personas a lo largo de todo el mundo no se ha encontrado una sola contradicción o error. Los locos como los que se creen Napoleón tienen un comportamiento errante, por ejemplo, dicen que son Napoleón pero andan desnudos, o dan por entendido que una escoba es su espada, no siguen una lógica en su convicción de que son Napoleón, en la doctrina de Jesús no hay una sola contradicción con su comportamiento. Por lo tanto no estaba loco.

Tampoco fue un hombre malo, pues toda su vida analizada en los evangelios fue perfectamente sana, no se hace mención de un solo pecado, cierto es que existen pasajes un cuanto violentos como cuando le tira la mesa a los cambistas y vendedores de palomas en el templo o cuando les dicehipócritas a los fariseos, pero esos actos están plenamente justificados por que atacan directamente la casa de su Padre, es decir es congruente con su afirmación de ser Dios, en la segunda persona de la trinidad, es decir, Hijo de Dios. Por el contrario siempre ha sido considerado por la historia como ejemplo de humildad, sencillez, caridad y misericordia. Entonces tampoco era malo, Él sabía que iba a morir y muchos más, por su causa, pero sabía que era para nuestra propia redención y perdón de los pecados.

¿Por qué tuvo que morir? siendo Dios ¿pudo perdonarnos sin sufrir?.- muchas personas no conocen el verdadero significado de la "redención" y se preguntan ¿qué necesidad tenía Dios de venir a morir, como humano siendo Dios? Lo que pasa es que desde que se rompió la alianza entre nuestros padres Adán y Eva con Dios, quedó una deuda muy grande a pagar, se había traicionado a Dios y esa deuda solo la podía pagar un hombre, que fuese totalmente justo y que se sacrificara en nombre de Dios, la única persona que podía hacer eso y que fuese totalmente Justo era Dios mismo, por eso tenía Dios, que hacerse hombre y nadie más que Él podía sacrificarse y morir para pagar esa deuda, por eso se encarnó, se hizo Hombre y se dejó matar, porque solo así se pagaba aquella deuda original. En términos legales si tú causas daños a la casa de tu vecino por cien mil pesos y la policía te detiene y prueba tu culpa, te condenan a cierto tiempo en la cárcel, pero aunque pagues tu condena en prisión, eso no repara el daño causado a tu vecino, ni paga tu deuda de cien mil pesos. Con la cárcel pagas tu desobediencia a la ley, pero con el pago de dinero saldas tu deuda, así pues, cuando Dios expulsa a Adán y a Eva del paraíso, se dio el castigo corporal y la única forma de volver a ser dignos de estar con Dios, en el paraíso, es decir "pagar los daños al vecino" era por medio de Jesucristo, Dios hecho hombre muriendo en la Cruz redimiéndonos de nuestros pecados, dicho de otra manera pagando la reparación del daño de ese pecado original y de todos los demás pecados pasados, presentes y futuros. Eso significa redención y por eso vino Jesús a morir al mundo.

Jesús vino a pagar una deuda que se tenía con Dios desde el principio pero aprovechó el viaje y nos hizo un gran favor, fundó su Iglesia (Mt. 16,18). *"Tú eres Pedro y sobre esta piedra edificaré mi Iglesia"* ¿Cuántas? ¡Una¡ ¡la Iglesia Católica!. Esa Iglesia no es otra cosa que una guía de encontrar la salvación, nos da la oportunidad, siendo pecadores de arrepentirnos, acudir al sacerdote, confesarnos y listo, estamos perdonados, nos da el regalo y la oportunidad de convivir con Él, cada que queramos a través de la Eucaristía comiendo su Carne y bebiendo su Sangre.

En conclusión, no sé qué religión quieran seguir, lo único que les doy son los razonamientos lógicos por los que yo soy católico, porque es la religión que me asegura mi salvación y no ha sido jamás refutada.

El Papa San Juan Pablo II, junto con un Teólogo venezolano, afirmaba que no era lo mismo cualquier religión. Decían:

"En efecto, si Dios se nos ha revelado y nos ha hecho saber cómo es Él, cuál es su Voluntad y de qué manera desea que le rindamos culto, no da lo mismo cualquier religión.

Decir que cualquier religión es tan buena como la otra equivale a decir que no importa lo que Dios ha revelado y que da lo mismo responderle a Dios o no responderle, o responderle sin tomar en cuenta lo que nos ha revelado.

Somos libres de responder o no responder a Dios, de responderle de una manera o de otra,... pero no es lo mismo una religión u otra".[28]

---

28 "Da lo mismo cualquier religión". Visible en el sitio web https://www.taringa.net/posts/apuntes y monografias/14091035/Da lo mismo cualquier religion.html

Ahora bien, en contestación para la hipótesis de que una persona totalmente buena y que nunca ha estado en contacto con nuestra religión se condene no siendo católico, hay que contestar que no lo sabemos, nadie lo sabe, pero para ser sinceros y según la enseñanza de Cristo y su infinita misericordia dudo mucho que lo condene al castigo eterno, aunque por justicia divina no podrá estar en presencia de Dios, sino hasta que su alma sea debidamente purificada en el purgatorio. Recuerden que esa persona hipotética, no fue bautizada, que esa persona habrá cometido algún pecado a lo largo de su vida, pecado que nunca fue confesado ni perdonado, entonces no podrá gozar del cielo hasta que no haya pagado esa reparación del daño de la que hablábamos. En otras palabras, las únicas personas exentas de pecado son Jesús y la Santísima Virgen María, luego entonces todos los demás somos pecadores y no hay una sola persona en la tierra exenta de pecado, luego entonces, si además de pecador, no está bautizado y nunca se acercó a los sacramentos, por lógica y justicia divina, esa persona no puede estar en presencia de Dios. Pero gracias a la infinita misericordia de Dios puede que tampoco se condene eternamente, la única alternativa entonces será que pase el tiempo correspondiente en el purgatorio en un sufrimiento temporal para la expiación de sus pecados.

Pero para ser sinceros ¿cuantas personas creen que haya así, santos y totalmente aislados para no poder conocer la religión Católica? ciertamente no son ninguno de los que leen este libro, ni de miles de millones que si han podido tener acceso a lo que enseña la religión Católica, como millones de personas islámicas, judías o ateas que se han convertido al catolicismo por buscar la verdad realmente queriendo encontrarla. Recuerden que todos estamos llamados a seguir la verdad. La pregunta es: ¿Cuántos realmente la buscan?

Recuerdo el testimonio de un musulmán convertido al catolicismo gracias a leer el Corán. En su testimonio él dice que creyó que Jesús es Dios porque en el Corán el nombre de Mahoma aparece cuatro veces, el de Jesús veinticuatro, dice también que el único nombre de mujer escrito, es el de María, dice que el Corán manifiesta las siguientes cosas de Jesús: Que es la palabra de Dios, que es el espíritu de Dios, que habló a los dos años, que hizo un pájaro de barro y le dio vida, que resucitó muertos, que murió, fue al cielo, que está vivo todavía y que va a regresar. De Mahoma, en cambio dice que no es la palabra de Dios, que no es el espíritu de Dios, que no habló a los dos años, que no le dio vida a ningún pájaro, que no resucitó muertos, que murió, que no está vivo y que no va a regresar. Eso dice el Corán de Jesús y de Mahoma. Por supuesto, no le costó mucho entender entonces que Jesús era Dios, convertirse al catolicismo y seguir su doctrina.

Para finalizar hay que analizar el deber del católico (si es que el lector lo es) de llevar la palabra de Dios, siempre que podamos y no solo esperar a que nuestros hermanos separados investiguen y por gracia del Espíritu Santo lleguen a la verdad. No, nosotros tenemos el deber de llevar esa palabra de Dios, su evangelio y su ejemplo a donde podamos, hacer apologética y defender su palabra ante quienes no creen o no quieren creer y cumplir lo ordenado por nuestro señor: *"id, pues y haced discípulos a todos los pueblos, bautícenlos en el nombre del Padre, del Hijo y del espíritu Santo y enséñenles a cumplir todo lo que les he encomendado. Yo estoy con ustedes todos los días hasta el fin del mundo"* (Mt. 28, 19-20).

CAPÍTULO NUEVE

LO QUE DICE LA BIBLIA ES VERDAD O ¿ES MÁS BIEN COMO UN CUENTO QUE CREÓ LA RELIGIÓN CATOLICA PARA QUE FUERAMOS BUENOS Y NOS DIJERAN COMO ACTUAR? ¿EXISTIÓ UN SOLO HOMBRE QUE FUE ADÁN? ¿EXISTIÓ SERPIENTE Y MANZANA? ¿COMO PUDO NOÉ METER TODOS LOS ANIMALES DENTRO DE UN ARCA?

Como en casi todos los temas que se han expuesto, en este libro, no existe problema en contestar los cuestionamientos, en sí mismos, sino en la ignorancia que existe detrás de las preguntas.

La respuesta rápida que debemos hacer ante estas interrogantes es muy simple. Todo lo que dice la Biblia es verdadero y está comprobado. Pero hay que explicar que no todo lo dicho en la Biblia se debe de leer literalmente. El problema real a esas preguntas está en que muy pocos católicos saben de qué manera se debe de leer la Biblia y para saberlo hay que entender de qué manera fue escrita la Biblia, quién la escribió, en qué tiempo y como se formó.

La mayoría de las personas sabe que la Biblia es el libro sagrado de los católicos y de las sectas protestantes, que se divide en dos partes, en el antiguo y nuevo testamento, el antiguo testamento cuenta con 46 libros, empezando por el Génesis que significa creación y el Nuevo testamento que consta de 27 libros, en donde se encuentran los cuatro evangelios, de Marcos, Mateo, Lucas y Juan y acaba con el libro del Apocalipsis escrito por el mismo autor. Lo que probablemente no sepan es cómo se creó la Biblia.

Siguiendo con mi promesa de no hacer en cada tema un desarrollo largo y profundo, pero teniendo la sospecha que posiblemente, el lector no lea la Biblia algún día, me voy a permitir contar de forma brevísima, cómo se formó la Biblia, quien la escribió y como se conforma.

Origen de la Biblia.- Antes de la venida de Cristo ya existían "Sagradas escrituras" así consideradas por los judíos, obviamente no contenían el nuevo testamento pues todavía no se escribía, únicamente se integraban de 46 libros que a lo largo de la historia judía y desde los tiempos de Moisés se habían ido escribiendo, por medio de la inspiración divina otorgada por el Espíritu Santo. Los primeros cinco libros de esas sagradas escrituras se llaman "Pentateuco" formados por el Génesis, Éxodo, Levítico, Números y Deuteronomio, este conjunto de cinco libros los judíos le llaman "Torá" y es lo que leen durante sus reuniones en las sinagogas. El pentateuco fue escrito por el propio Moisés, alrededor de 1500 años antes de la llegada de Nuestro señor Jesucristo. Conjunto de libros que son de carácter histórico y legal.

A este grupo de libros le sigue otra lista de libros que narra la Historia de Israel, desde que llegan a la tierra prometida (Canaán) hasta que el imperio Romano ocupase Israel. Esos libros están compuestos por Josué, Jueces, 1 de Samuel, 1 y 2 de Reyes, 1 y 2 de Crónicas, Esdras, Mías, Rut, Tobías, Judit, Ester y los dos libros de Macabeos. Conjunto de libros cien por ciento históricos.

Siguiendo con el orden del Antiguo testamento o Sagradas Escrituras judías continúan los libros considerados como Sapiensales. Libros que los conforman diversos poemas, dichos sabios y meditaciones para vivir una vida mejor. Este grupo de libros lo conforman Job, el libro de los Salmos, Proverbios, Eclesiastés, Cantar de los Cantares, el libro de la Sabiduría y el Eclesiástico.

Por último están los libros proféticos que hablan de lo que va a ir pasando a lo largo de todos los tiempos y en especial con la venida de Dios, hecho Hombre a la tierra. Dichos libros proféticos son Isaías, Jeremías, Baruc, Ezequiel, Daniel. Luego siguen los libros de los llamados profetas menores por la brevedad de sus libros, Oseas, Joel, Amós, Abdías, Jonás, Miqueas, Nahúm, Habacuc, Sofonías, Ageo, Zacarías y Malaquias.

Todos estos conjuntos de libros conformaban las Sagradas Escrituras de las que hace referencia, tanto Jesús como los evangelistas, pues como se ha dicho, en tiempos de Jesús aún no se escribía el nuevo testamento, el cual habla precisamente de su vida, enseñanzas, muerte y resurrección, además de también dar consejos de vida y profecías de lo que está por venir.

Esas antiguas Sagradas Escrituras fueron escritas por distintas personas, empezando por Moisés y siguiendo, en su gran mayoría por distintos profetas, hombres elegidos por Dios para llevar su palabra. La mayoría de los libros llevan el nombre de quien los escribió. Por ejemplo, el libro de Samuel fue escrito por él mismo, al igual que el de Jeremías. Otros llevan por nombre el contenido del mismo. Por ejemplo, el libro de las lamentaciones es precisamente eso una serie de poemas lleno de lamentaciones por la destrucción de Jerusalén y fue escrito por el profeta Jeremías.

En resumen, miente el que diga que no se sabe quiénes son las personas que escribieron cada uno de los libros de las Sagradas Escrituras, se sabe el autor y se sabe el tiempo en que lo escribió, sin embargo debo aclarar que el autor no escribió por sí solo. Cada uno de los autores que escribieron tanto el antiguo como el nuevo testamento, lo hacen por inspiración divina del Espíritu Santo. Prueba de ello lo son las magníficas y precisas profecías, en ellos escritas.

Siguiendo con la historia ya en el año 605 A.C. El Pueblo de Israel sufrió una dispersión o, como se le conoce bíblicamente, una "diáspora". El rey de Caldeo, Nabucodonosor conquistó Jerusalén y llevó a los israelitas cautivos a Babilonia. Pero no todos los israelitas fueron llevados cautivos, una parte de ellos quedó en Israel. También un número de Israelitas que fueron a Egipto.

Años después el rey Ciro de Persia conquistó Babilonia y dio la libertad a los israelitas de regresar a Israel, terminando así su esclavitud. Algunos regresaron a Palestina pero otros se fueron a Egipto, estableciéndose, en su mayoría, en la ciudad de Alejandría fundada por Alejandro Magno, en el año 322 A.C. y que contaba con la biblioteca más grande de esa época. Así que los judíos estaban disgregados aún después del fin del cautiverio, unos en Palestina y otros en Egipto, sobre todo en Alejandría.

En el siglo III A.C. la lengua principal de Alejandría, como en la mayor parte del mundo civilizado, era el griego. El hebreo cada vez se hablaba menos, aun entre los judíos, Por eso había una gran necesidad de una traducción griega de las Sagradas Escrituras. La historia relata que Demetrio de Faleron, el bibliotecario del Faraón Ptolomeo II (285-246 a.C.), quería unas copias de la Ley Judía para la Biblioteca de Alejandría. La traducción se realizó a inicios del siglo tercero A.C. y se llamó la Traducción de los Setenta (por el número de traductores que trabajaron en la obra). Comenzando con la Torá, tradujeron todas las Sagradas Escrituras, es decir todo lo que es hoy conocido por los católicos como el Antiguo Testamento. Introdujeron también libros sagrados que, por ser más recientes, no estaban en los antiguos cánones pero que ya eran reconocidos como sagrados por los judíos. Se trata de siete libros, llamados hoy "deuterocanónicos".

Fue precisamente este Canon de los "setenta", de la "Septuagésima" o "Canon Alejandrino" como también se le llama, el que usaron Jesucristo y los Apóstoles. El canon Alejandrino, con los siete libros deuterocanónicos, era el más usado por los judíos en la era Apostólica.

Canon de Jamnia. Al final del primer siglo de la era cristiana, una escuela judía hizo un nuevo canon hebreo (recopilación de libros sagrados) en la ciudad de Jamnia, en Palestina. Ellos querían cerrar el período de revelación siglos antes de la venida de Jesús, pues no aceptaron que fuese el Mesías esperado, buscando así distanciarse del cristianismo. Por lo tanto dejaron fuera de este nuevo canon, los últimos siete libros reconocidos por el canon Alejandrino (deuterocanónicos). Libros que en lo general hablan de la venida del Mesías, de Cristo y profetizan su Pasión, Muerte y Resurrección. Pero en realidad no hubo un silencio bíblico, ni ausencia de revelación en los siglos precedentes al nacimiento de Jesús. Aquella era la última etapa de revelación antes de la venida del Mesías. Pero los judíos ya no querían reconocer el canon de los Setenta o "Alejandrino" que si reconocían en tiempos de Jesús. Por eso la Iglesia siguió reconociéndolo. De esta forma surgieron dos principales cánones del Antiguo Testamento:

1: El canon Alejandrino: Reconocido por los judíos en la traducción de los Setenta al griego. Este canon es el más utilizado por los judíos de tiempo de Cristo y por los autores del Nuevo Testamento. Este canon contiene los libros "deuterocanónicos" y es el reconocido por la Iglesia Católica.

2: El canon de Jamnia: Establecido por judíos que rechazaron el cristianismo y por lo tanto quisieron distanciar el período de revelación del tiempo de Jesús. Por eso rechazaron los últimos 7 libros reconocidos por el canon alejandrino, llamados deuterocanónicos.

XV siglos después de Cristo, Lutero rechaza el canon establecido por la Iglesia primitiva y adopta el canon de Jamnia. Este es el canon que aceptan los protestantes.

Cuándo y cómo se forma la Biblia. Es importante entender que la Iglesia fundada por Cristo precede al Nuevo Testamento. Es la Iglesia la autoridad que establece el canon de la Biblia y su correcta interpretación y no al revés. Cuando en el Nuevo Testamento habla de las "Escrituras" se refiere, como ye he explicado, al Antiguo Testamento. El nombre de Nuevo Testamento no se usó hasta el siglo II. Tiempo después de la muerte y resurrección de nuestro Señor Jesucristo, un creciente número de libros se presentaban como sagrados y causaban controversia. Entre ellos, muchos eran de influencia esotérica y herética. Por otra parte, algunos rechazaban libros generalmente reconocidos. La Iglesia, con la autoridad Apostólica que Cristo le dio, definió la lista (canon) de los Libros Sagrados de la Biblia. El Concilio de Hipona, en el año 393 D.C. y el de Cartago, en el año 397 y 419 D.C. confirmaron el canon Alejandrino con 46 libros para el Antiguo Testamento y también fijaron el canon del Nuevo Testamento con 27 libros. Libros que se integran de la siguiente manera:

Inicia con los cuatro evangelios escritos por san Mateo, san Marcos, san Lucas y san Juan. Libros que narran la historia de Cristo, pero también nos muestran la nueva ley de Dios, la cual, Jesús vino a perfeccionarla (Mt. 5,17). A los tres primeros se les llama evangelios sinópticos que significa "ver Juntos". A esos cuatro primeros libros le sigue un libro cien por ciento histórico llamado "Hechos" el cual narra la historia de la Iglesia primitiva desde la resurrección de Cristo; a este libro le sigue una serie de cartas sapiensales o de sabiduría llenas de explicaciones teológicas y consejos para vivir una vida cristiana escritas por san Pablo a los Romanos, a los Efesios y a Timoteo; la carta a los Hebreos y otras cartas escritas por Santiago, san Pedro, san Juan y san Judas (Tadeo). Por último se agregó el libro del Apocalipsis escrito por san Juan.

Para reconocer a los libros del Nuevo Testamento como libros verdaderos y de inspiración divina, los Padres de la Iglesia utilizaron tres criterios:

1.- Que fuesen escritos por un Apóstol o su discípulo.

2.- Que se utilizara en la liturgia de las primeras Iglesias Apostólicas. Ej. Roma, Corintio, Jerusalén, Antioquía, etc.

3.- Que estuviera en conformidad con la fe Católica recibida de los Apóstoles.

Al no satisfacer estos criterios, algunos evangelios atribuidos a los Apóstoles por ejemplo los evangelios de Tomás o de Pedro fueron considerados falsos por la Iglesia y rechazados. Por otra parte fueron aceptados libros como el evangelio de san Juan y el Libro del Apocalipsis, del mismo autor, que por largo tiempo habían sido controversiales.

La Vulgata de San Jerónimo. La primera traducción de la Biblia al latín fue hecha por San Jerónimo en el año 383 D.C y se llamó la "Vulgata". El latín era para entonces el idioma común en el mundo Mediterráneo y era necesaria su traducción, a aquél idioma. San Jerónimo tradujo en principio sin aquellos libros llamados deuterocanónicos por haber traducido directamente desde los primeros documentos hebreos que, como ya se ha dicho, no tenían agregados aquellos siete libros sagrados, pero los incluyó inmediatamente después de su traducción. La Iglesia aceptó su traducción con la inclusión de dichos libros. Por eso la Biblia Vulgata, conocida y usada hoy por todos los católicos, tiene los 46 libros del antiguo testamento y los 27 del nuevo.

Es interesante notar que el segundo libro impreso por Gutenberg, fue la Biblia latina (Vulgata).

La Biblia Protestante no es la misma a la Católica.

En el año 1534, Martín Lutero tradujo la Biblia al alemán. Pero rechazó los últimos siete libros del Antiguo Testamento porque éstos contradecían sus nuevas doctrinas. Por ejemplo, al quitar los libros de Macabeos, le fue más fácil negar el purgatorio ya que en ese libro se establece la existencia de una purificación después de la muerte.

Lutero consideró conveniente optar por el canon de Jamnia que los judíos habían establecido para distanciarse del cristianismo. Lo prefirió a pesar que le faltaban libros que Jesús, los Apóstoles y la Iglesia desde el principio habían reconocido. Agrupó los libros que quitó de la Biblia bajo el título de "apócrifos", señalando: *"estos son libros que no se tienen por iguales a las Sagradas Escrituras y sin embargo son útiles y buenos para leer".*[29] Lamentablemente Lutero propagó sus errores junto con su rebelión. Por esa razón a la Biblia Protestante le faltan 7 libros del Antiguo Testamento. Lutero no solo eliminó libros del Antiguo Testamento, sino que eliminó y modificó algunos en el Nuevo Testamento para adaptarlo a su doctrina.

Martín Lutero había declarado que la persona se salva sólo por la fe, sin necesidad de poner la fe en práctica, por medio de obras. Según él, todas las doctrinas deben basarse solo en la Biblia, pero la Biblia según la acomodaba e interpretaba él. Por eso llegó incluso a añadir la palabra "solamente" después de la palabra "justificado" en su traducción alemana de Romanos 3, 28: la cual en su leguaje original decía: *"Nosotros decimos esto: La persona es justificada por la fe y no por el cumplimiento de la Ley".* Y la modificó de la siguiente manera: *"Nosotros decimos*

---

29 *Desarrollo del canón de las escrituras.* Visible en el sitio web *http://www.corazones.org/ Biblia_y_liturgia/Biblia/canon_desarrollo.htm*

esto: *La persona es justificada "solamente" por la fe y no por el cumplimiento de la Ley"*. También se refirió a la carta de Santiago como epístola "de paja o falsificada" porque en ella se contradice su principio de que solamente con la fe nos podemos salvar, ya que literalmente, dicha carta señala: *"Hermanos míos, ¿de qué le sirve a uno alegar que tiene fe, si no tiene obras? ¿Acaso podrá salvarlo esa fe? Supongamos que un hermano o una hermana no tiene con qué vestirse y carece del alimento diario y uno de ustedes le dice: «Que le vaya bien; abríguese y coma hasta saciarse», pero no le da lo necesario para el cuerpo.*

¿De qué servirá eso? Así también la fe por sí sola, si no tiene obras, está muerta. Sin embargo, alguien dirá: «Tú tienes fe, y yo tengo obras». Pues bien, muéstrame tu fe sin las obras, y yo te mostraré la fe por mis obras. ¿Tú crees que hay un solo Dios? ¡Magnífico! También los demonios lo creen, y tiemblan.

¡Qué tonto eres! ¿Quieres convencerte de que la fe sin obras es estéril? ¿No fue declarado justo nuestro padre Abraham por lo que hizo cuando ofreció sobre el altar a su hijo Isaac? Ya lo ves: Su fe y sus obras actuaban conjuntamente, y su fe llegó a la perfección por las obras que hizo. Así se cumplió la Escritura que dice: «Le creyó Abraham a Dios, y esto se le tomó en cuenta como justicia» y fue llamado amigo de Dios. Como pueden ver, a una persona se la declara justa por las obras, y no solo por la fe. De igual manera, ¿no fue declarada justa por las obras aun la prostituta Rajab, cuando hospedó a los espías y les ayudó a huir por otro camino? Pues, como el cuerpo sin el espíritu está muerto, así también la fe sin obras está muerta". (Stgo.2, 14-26).

El protestante español, Casiodoro de Reina, primer traductor de la Biblia protestante al español respetó el canon católico de la Biblia en su traducción, la cual es considerada una joya de literatura y a la cual se le llamó "la Biblia del oso". Pero luego Cipriano de Valera, ex monje católico, hereje y convertido protestante quitó los ya muy mentados libros deuterocanónicos a esa versión, la cual fue conocida como versión "Reina-Valera". (Versión protestante de la Biblia).

El mal ya estaba hecho, gracias a los postulados de libre interpretación de la Biblia expuestos y defendidos por Lutero, al día de hoy se encuentra infinidad de versiones de Biblias protestantes que se modifican según la conveniencia de las sectas, ya sean evangelistas, ya sean mormonas, ya sean testigos de Jehová etc.

Como se define la Biblia?. Como un regalo de Dios, presentado como obra terminada a través de un largo proceso en el que el Espíritu Santo ha guiado a la Iglesia Católica a la plenitud de la verdad. Por la autoridad de la Iglesia se establece el canon definitivo.

En conclusión podemos afirmar que la Biblia ha sido un conjunto de escritos sumamente antiguos que se remontan a 3,500 años atrás, es decir en la época de Moisés y Josué, 500 años antes del Rey David y Salomón.

Ahora bien, ya sabemos qué es la Biblia, cómo se formó y cómo la deformaron los protestantes, pero aún queda pendiente de contestar y explicar cómo se sabe que lo que dice la Biblia es verdad. Sabemos esto por muchos estudios realizados, a lo largo de la historia por personas de diversas creencias y religiones. Investigaciones realizadas por personas como Keller Wenner, un arqueólogo y periodista alemán nacido a principios del S. XX, quien realizó una investigación exhaustiva de muchos pasajes bíblicos contenidos en el Antiguo y nuevo testamento y que realizó un sinfín de hallazgos arqueológicos que demostraban la existencia verídica e histórica de muchos personajes y ciudades más antiguas de la Biblia. Más tarde plasmados en su libro "Y la Biblia tenía Razón".

Algunas cuestiones que se consideraban errores bíblicos fueron perfectamente aclaradas gracias a Keller y a muchos otros. "Por ejemplo, Nabucodonosor es mencionado, por la Biblia como el constructor de la nueva Babilonia (libro de Daniel

4,30), pero ninguno de los historiadores clásicos, como Herodoto, Estrabón o Plinio hacen mención de ello. Pero gracias a varios hallazgos arqueológicos han corroborado la afirmación de la Biblia con expresiones en lenguaje acadio similares a las que usó el profeta Daniel. Tampoco la locura que padeció Nabucodonosor durante siete años había sido comprobada por fuentes extra bíblicas y los comentarios de muchos historiadores señalaban que el autor de ese libro bíblico se había confundido con la enfermedad de otro rey caldeo llamado Nabonido, descubierta en un cilindro de arcilla llamado "La oración de Nabonido". Pero una tableta cuneiforme que se guarda en el Museo Británico permite confirmar que Nabucodonosor padeció alteraciones mentales que le impidieron llevar asuntos de la corte. Lo mismo podríamos decir del "rey fantasma Belsasar" que en el libro bíblico de Daniel se presenta como el último rey de Babilonia y que ningún documento había corroborado su existencia, pero otro descubrimiento de la época de Nabonido demuestra, sin sombra de duda, que Belsasar existió y fue hijo de Nabonido, agregando explícitamente que el rey confió a Belsasar el reino cuando enfermó y se retiró a Telma para curarse".[30]

Es decir ninguna persona que se jacte de culta puede dejar de reconocer que la Biblia es el documento más histórico por excelencia y los hechos y fechas de los que hablan han sido probadas y confirmadas por otros historiadores de la época y por muchísimos descubrimientos arqueológicos. Historia comprobada tanto del antiguo como del nuevo testamento, donde muchos historiadores de la época principalmente FLAVIO JOSEFO, historiador judío, ha dado cuenta de la existencia de Jesús, de su Juicio de su muerte y del escándalo de su resurrección.

¿Qué tipo de libro es la Biblia?.- Una vez analizada la veracidad de la Biblia hay que concentrar nuestra atención al tipo de libro que es la Biblia, es un libro histórico por esencia, sin embargo la Biblia no sólo es un libro histórico. Por ejemplo, si

---

30 "Y la Biblia tenía razón". Visible en el sitio web http://www.meditacionesdiarias. com/2015/02/y-la-Biblia-tenia-razon/

abrimos un libro de Alvear Acevedo sabemos que es un libro de historia y que ese libro es estrictamente histórico, lo vamos a leer en sentido literal y desde un punto de vista informativo y crítico, si tomamos el libro de algebra de Baldor, sabremos que es un libro matemático y lo vamos a leer en un sentido científico, si tenemos la suerte de gozar de alguna obra de Rubén Darío, no lo leeremos de manera literal, sino con un sentido poético. La Biblia, no es solamente un libro histórico; tanto el antiguo testamento como el nuevo, contienen libros históricos, legales, de sabiduría o reflexión y proféticos. Por lo tanto la Biblia se debe leer en cada uno de estos sentidos. Tenemos los libros históricos donde nos narran diversos acontecimientos específicos de la época, tenemos los salmos que son de sabiduría y belleza poética, tenemos los legales como el libro del levítico que es un resumen de todas las leyes judaicas que había que seguir y por fin los proféticos que son libros que revelan, muchas veces a través de simbolismos lo que va a pasar en un futuro. Por eso es que la Biblia no se puede leer en un mismo sentido.

Los estudiosos de la Biblia (los exegetas o intérpretes de la Biblia) nos dicen que la Biblia se puede leer de dos maneras distintas: una es en sentido literal atendiendo que todo lo que está, en ella plasmada, como los libros históricos o legales y otra en un sentido espiritual, el cual puede ser leído desde distintos significados, alegórico, simbólicos, morales etc. y en estos sentidos se pueden leer muchos libros de la Biblia. Por ejemplo: cuando Jesús estaba en la Cruz y dice: *"Dios mío, Dios Mío ¿Porque me has abandonado?"*.

Esta frase leída en un sentido literal no tiene congruencia con Dios, muestra una contradicción, ¿como puede Jesús siendo Dios creer que su Padre lo ha abandonado y más en ese momento? Si leemos el texto bíblico, al pie de la letra resulta contradictorio con toda la doctrina cristiana imaginándonos un Jesucristo dudando de su propio Padre. Pero si leemos ese mismo pasaje en sentido espiritual sabemos que Jesús está haciendo referencia al libro de los salmos, capítulo 22, versículo 2, que dice: *"Dios mío, Dios mío ¿por qué me hasmabandonado?, ¿por qué no vienes a salvarme?"* pero ¿por qué recita ese salmo? *La respuesta está en ese mismo salmo, a partir del versículo 13 "Mis enemigos me han rodeado como toros, como bravos toros de Bazán; rugen como leones feroces, abren la boca y se lanzan contra mí. Soy como agua que se derrama; mis huesos están dislocados. Mi corazón es como cera que se derrite dentro de mí. Tengo la boca seca como una teja; tengo la lengua adherida al paladar. ¡Me has hundido hasta el polvo de la muerte! Como perros, una banda de malvados me ha rodeado por completo; me han desgarrado las manos y los pies. ¡Puedo contarme los huesos! Mis enemigos no me quitan la vista de encima; se han repartido mi ropa entre sí y sobre ella echan suertes."*

Este texto ¿recuerda algo? Es un pasaje bíblico escrito mil años antes que naciera Jesús, que describía perfectamente lo que le ocurriría a Jesús en la Cruz. Es decir, resulta una profecía cumplida, que Jesús recordaba y hacía referencia en ese momento. La cuarta palabra dicha por Jesús en la Cruz, no se debe leer en un sentido meramente literal porque se entendería que Dios le está reclamando a su Padre que es Dios mismo y Jesús, siendo Dios, no se puede reclamar nada a Sí mismo. Pero si se lee en sentido espiritual (alegórico) se advierte que Jesús hace referencia a un poema que en ese mismo momento se estaba volviendo una profecía cumplida. Incluso leído desde un punto de vista espiritual (moral) se puede entender el abandono que sintió Jesús al sentir, en ese preciso momento, todos los pecados de la humanidad, presentes, pasados y futuros y sentirse en abandono del bien puro, que es Dios y de ahí se explica también el sentimiento de soledad.

Es decir, el sentido de interpretación de la Biblia no es tan simple como que todo lo que leamos va a ser interpretado literalmente, hay muchas cuestiones en la Biblia que su lectura e interpretación es espiritual y por lo tanto simbólica o tipológica, por eso no cualquiera puede interpretar la Biblia, solo personas estudiosas en el tema, que dominan, no solo los hechos que ahí se plasman, sino la doctrina de la Fe Cristiana, pueden hacerlo. De lo contrario, si cualquier persona cree que puede interpretar, por si sola la Biblia, sería tanto como suponer que tiene la misma preparación de san Agustín, santo Tomás de Aquino o más recientemente de su santidad Benedicto XVI y hay que ver qué resultado le dio creer eso a Martín Lutero y al protestantismo con más de 100,000 sectas protestantes, tan solo en Estados Unidos interpretando libremente la Biblia y pensando algo distinto cada una de ellas.

Un ejemplo muy socorrido por los detractores de la Biblia, para decir que es un cuento de hadas son los hechos narrados en el libro del Génesis: Adán, Eva, su descendencia, la manzana y el Arca de Noé. Al respecto y ya con las formas y sentidos de lectura y de interpretación con los que se lee la Biblia explicados, podemos concluir que el hecho de que Adán haya salido del polvo o barro o haya sido una manzana lo que comieron en desobediencia no tiene un significado literal y en consecuencia no está peleado con una cierta teoría evolutiva, el Génesis no se opone a que haya habido millones de años de evolución humana, lo que dice es que en el momento cúspide de esta evolución llegando el hombre a su plenitud, física y mental lo dotó de alma y lo hizo a su imagen y semejanza, otorgándole el don de la gracia santificante (vida unida a Cristo), el don de la inmortalidad, el don de la ciencia infusa (conocimiento no adquirido mediante el estudio sino de manera sobrenatural) y del dominio sobre las pasiones. Por todos esos dones preternaturales Adán y Eva eran semejantes a Dios, no por ninguna característica física puesto que Dios no es materia sino espíritu. Por eso, el hombre fue hecho "a imagen y semejanza de Él", como dice la Biblia. El Génesis no choca con la idea de que la creación haya tardado millones de años y no seis días, el sentido espiritual y simbólico nos habla que Dios "trabajó" seis simbólicos días y el séptimo descansó, es decir, interpretando esa narrativa, se llega a la conclusión de que nuestro destino será semejante con un periodo de trabajo y sufrimiento en la tierra, pero al final obtendremos el descanso y la contemplación de Dios, eterna. El Génesis nos dice que Dios descansó, ¿en realidad se puede pensar que Dios necesita descansar? Según el Génesis, hasta el cuarto día Dios creó las luminarias, los astros y las estrellas, entonces era imposible medir los días como los medimos hoy en día. No se toman esos hechos en un sentido literal por la simple razón, que ese tipo de información bíblica, la tomamos en un sentido simbólico, anagógico[31] y espiritual. Es así como obtendremos toda la información correcta.

Al interpretar correctamente la Biblia y leerla en el sentido correcto, se sabe que cuando Dios tomó la decisión de crear el universo originó el impulso necesario para crear, a través de su energía, el inicio del big bang explicando así la fuerza eterna originadora de todo. Teoría, del Big Bang descubierta y explicada perfectamente por un católico y sacerdote nombre Georges Lemaître y la cual permite explicar por qué el universo se mantiene en constante expansión. Pero, en el Génesis es necesario que se haya puesto en el contexto de seis días para establecer que todo se creó con un orden perfecto, por autoridad divina y que simbólicamente significa que el séptimo día no significa que Dios se cansó y se puso a reposar, se escribió así, para hacernos entender que cada séptimo día tenemos la obligación de voltear nuestra mirada al señor, contemplar su obra, como Él la contempló y darle gracias por ese favor. En ese sentido, se debe entender que el tipo de fruto que comieron Adán y Eva resulta irrelevante en la historia puesto que el pecado cometido por Adán y Eva, fue mayor que comer algo prohibido, el pecado consistió en desobedecer a Dios, el ir en contra de su voluntad, el romper las reglas que Él les dio, fue la traición a su creador por no resistir la tentación de Satanás. Es decir, Adán fue probado intencionalmente por Dios para serle fiel, a cambio de eso lo traicionó y la consecuencia fue que la alianza entre Dios y

31 Comprensión del cielo a través de cosas que conocemos.

el Hombre se rompiera hasta que un hombre justo se sacrificara por todos los hombres y así se recobrara esa alianza con Dios volviéndonos herederos de su reino.

Siempre al leer la Biblia en sentido espiritual se obtiene mucha más información que la que se obtiene leyéndola en sentido literal.

En cuanto al arca de Noé, basta decir que en una traducción original al hebreo la palabra "kol", significa una "parte" de la tierra y no "toda" la tierra, por lo tanto el diluvio fue local, no total, esto explica por qué Noé no metió, al arca, todas las especies de animales existentes en el mundo, sino, únicamente, las especies de animales necesarias para sobrevivir después del diluvio, ya que no habría tierra donde plantar durante un largo tiempo. Históricamente se entiende, y así ha quedado demostrado, por estudios arqueológicos y geológicos que el diluvio fue un acontecimiento local derivado de una era de frío donde hubo un deshielo de los glaciares, el mar muerto quedó reducido a un pequeño río de agua dulce, cuando ese hielo se descongeló provocó el desbordamiento del mar mediterráneo tapando y ahogando poblaciones enteras en la región mesopotámica, precisamente en la época de Noé. Lo milagroso del relato del Diluvio fue que Dios advirtió a Noé con suficiente tiempo como para cumplir todos los preparativos requeridos.

Pero ese relato también tiene su significado espiritual, nos hace ver que el hombre es salvado del pecado a través de las aguas y cuando resurge de las aguas este hombre se vuelve como Noé un hombre purificado, por esoSan Pedro hará referencia al diluvio cuando hable sobre el bautismo y lo esencial de pasar por las aguas del bautismo para salvarnos, igual que Dios salvó a Noé purificándolo a través de las aguas del diluvio.

Por lo tanto a la pregunta ¿lo que dice la Biblia es verdad? debemos responder que sí, todo lo que dice la Biblia es verdad, su origen es verídico y está indistintamente probado por diversos estudios, pero por la propia naturaleza de la Biblia, que no es un libro solamente histórico, se debe de leer en un sentido literal y en un sentido espiritual y por lo tanto todos los hechos controvertidos de la Biblia, encuentran una explicación perfectamente lógica y que coincide con las teorías del big bang, de la teoría evolutiva y la inundación parcial de la tierra.

CAPÍTULO DIEZ

LAS CRUZADAS

Nuevamente, la desinformación, principalmente provocada por personas que están en contra de la religión Católica y muy en especial la industria de Hollywood y documentales como los de History Channel y National Geographics, son la principal causa de que mucha gente crea lo que no es verdad. En todas las películas realizadas y programas sobre este tema, se representa a una Iglesia Católica cobarde, llena de odio, que crea un ejército de personas sádicas e interesadas, que pretende acabar con los musulmanes sin provocación alguna, con el único fin de obtener riquezas y tierras. Eso es totalmente falso y contrario a la verdad.

En el año 2001, el Expresidente Bill Clinton dio un discurso en la Universidad de Georgetown en el que habló sobre la respuesta de Occidente a los entonces recientes ataques terroristas de ese 11 de septiembre. El Sr. Clinton afirmó: *"cuando los soldados cristianos tomaron Jerusalén (en el año 1099), procedieron a matar a todas las mujeres y a todos los niños musulmanes en el templo del Monte, los soldados que caminaban allí lo hacían con sangre hasta las rodillas"*. Esta historia, dijo el Sr. Clinton enfáticamente, *"aún se narra en Medio Oriente y todavía estamos pagando por ello"*.[32] En la industria del cine y en diversas novelas se ha mostrado a las cruzadas como ejemplo de violencia auspiciada y pagada por la Iglesia Católica y sus jerarcas, a fin de aplastar a turcos y musulmanes, que no habían sido provocados asesinando y robando a los islámicos amantes de la paz.

Es, desde mediados del S. XX, que aumentaron los ataques en contra de las cruzadas denominadas también "Guerra Santa". Se han inventado muchos mitos alrededor de éstas falaces

---

32 "Cuatro mitos sobre las cruzadas" Paul F. Crawford, 21/04/2011. Visible en el sitio web https://www.aciprensa.com/controversias/lascruzadas.htm.

historias. Sin embargo, lo que todo el mundo parece saber sobre las cruzadas no tiene ningún fundamento histórico. Dicho de otra manera es totalmente falso. Es mi intención desmentir los ataques y mentiras que atacan a las cruzadas. Para tal efecto me he propuesto dar una explicación clara de que eran las cruzadas, por qué se crearon y al mismo tiempo desmentir cuatro de los principales mitos que persiguen y falsamente atacan a las cruzadas.

Con el objeto de dar honor a quien honor merece, quiero señalar que para la elaboración del presente estudio he tomado como base, principalmente, la investigación realizada por el Dr. Paul F. Crawford, Profesor de la universidad de California en Pensilvania, historiador, ensayista pero sobre todo experto en el tema sobre las cruzadas, autor de diversos libros y publicaciones al respecto. El Dr. Crawford es sin duda alguna uno de los investigadores más respetados e imparciales, en el tema de las cruzadas.

Mito 1: Las cruzadas fueron ataques no provocados de cristianos occidentales contra el mundo musulmán. Nada podría estar más lejos de la verdad. En el año 632, Egipto, Palestina, Siria, Asia Menor, el norte de África, España, Francia, Italia y las islas de Sicilia, Cerdeña y Córcega eran todos territorios cristianos. Dentro de los límites del Imperio Romano, que todavía era completamente funcional en el Mediterráneo oriental, el cristianismo ortodoxo era la religión oficial y claramente mayoritaria. Fuera de esos límites también había otras poblaciones cristianas.

Hacia el año 732, un siglo después, los cristianos habían perdido Egipto, Palestina, Siria, el norte de África, España, gran parte de Asia Menor, y la parte sur de Francia. Italia y sus islas estaban bajo amenaza y caerían bajo el dominio musulmán en el siglo siguiente. Las comunidades cristianas de Arabia fueron destruidas completamente, poco después del año 633, cuando los judíos y los cristianos por igual fueron expulsados de la península. Dos tercios del territorio que había sido del mundo cristiano eran ahora regidos por musulmanes.

¿Qué había pasado? La respuesta es clara, el avance del Islam. Una religión que había sido creado allá por el año 622 por un señor llamado Mahoma que se proclamaba el último profeta, diciendo que no había más Dios que Alá escribe "el Corán". Un libro que contiene un manual de vida con muchos elementos cristianos, El arcángel San Gabriel, el mismo Jesús y la Virgen María, pero con una gran diferencia. En el Corán es permitido y hasta bien visto el uso de la violencia para imponer la ley del Corán y la creencia en Alá.

Poco tiempo después de crearse el Islam, los musulmanes empezaron a invadir territorio cristiano en todos lados por occidente y por oriente. En Europa occidental tuvieron muchas batallas. El Papa y los reyes cristianos de la época se organizaron y repelieron el ataque turco, incluso recobraban el terreno perdido, sin embargo, en oriente, el imperio bizantino cada vez perdía más el control, en el año 1009, un trastornado gobernante musulmán destruyó la Iglesia del Santo Sepulcro de Jerusalén y cada vez se perdía más territorio en tierra santa y los templos y reliquias eran destruidas y profanadas. Por esa razón el rey bizantino Gregorio VII pidió ayuda al Papa Urbano II y en el año 1095, como resultado del concilio de Clermont, el Papa le concedió apoyo militar para defender los territorios en tierra santa. Así fue como nació la primera cruzada.

En otras palabras, el ataque cristiano no fue sino el contraataque necesario para contrarrestar los ataques musulmanes desde el siglo VII al XI, es decir más de 400 años de ataques, violencia y destrucción a territorios, cristianos, templos y lugares santos por parte de los turcos.

Mito 2: Los cristianos occidentales fueron a las cruzadas motivados por su avaricia y para robar a los musulmanes. Para empezar, hay que establecer quienes eran los cruzados y a que se comprometían. Cuando en el año de 1095, el Papa Gregorio VII autoriza el uso de la fuerza para defender tierra santa lo hace creando un ejército de hombres católicos muy comprometidos con su fe. Una especie de monjes con armas que debían de seguir tres votos, de manera temporal, en el caso de los soldados cruzados y de manera vitalicia en el caso de los caballeros templarios: voto de castidad, voto de pobreza y voto de obediencia. A esos tres votos se le sumó un cuarto voto, defender y conservar tierra santa, incluso con sus vidas. Por tal motivo resulta ilógico pensar en riqueza cuando el ser cruzado era sinónimo de pobreza.

Cierto es que los cruzados llegaron a manejar grandes cantidades de dinero y fueron en cierta medida el antecedente histórico de los bancos, pero era precisamente, la religiosidad de esta orden militar, los juramentos de castidad, pobreza y obediencia plena al Papa para defender tierra Santa a costa de sus propias vidas con la sola promesa de ganar indulgencias por sus pecados y la esperanza, en caso de morir en batalla, de ser considerados mártires que generaban la confianza necesaria para que, las personas, les confiaran el cuidado y administración de su dinero. También es verdad que en algunos casos hubo excesos, los pecados de avaricia no son propios de esta época, pero los excesos que hubo en la época medieval son parte de una excepción que confirma una generalidad.

Ahora bien, en esa época medieval, así como en muchas otras existía algo llamado "botín de guerra", es decir, todos los bienes de los "perdedores" en una guerra era confiscados por los propios soldados vencedores, no olvidemos que los turcos habían invadido primero y muchos de los bienes que tenían en su poder no eran en realidad suyos, sino que eran bienes legítimamente cristianos. El quitarle los bienes a los vencidos tenía dos fines: El primero era quitarle los medios económicos al enemigo para ir a la guerra, comprar armas etc. El segundo era financiar las guerras que eran muy costosas. Para dar una mejor idea al lector y en voz del Dr. Paul F. Crawford, una cruzada podía costar alrededor del producto interno bruto de un año, es decir todo lo que se podía recaudar en un año servía para una sola cruzada.

Por tal motivo la guerra nunca fue negocio y menos para los soldados cruzados, ellos no eran militares de profesión, tenían otros oficios, tenían casa que mantener, oficios que realizar y el hecho de ir a pelear con la sola promesa de ganar indulgencias no les daba para comer, por eso se les permitía conservar los bienes del vencido, pero los bienes no fueron muchos, apenas alcanzaban para sostenerse. Claro que hubo personas que supieron sacar provecho, tal y como acontece en cada guerra, pero en general, fueron los constructores los que sacaron más provecho, al construir murallas para defender las ciudades recuperadas. Los cruzados, si acaso, ganaron cantidades muy pequeñas. La mayor prueba de esto fue la poca cantidad de cruzadas que hubo (ocho importantes). Los estados pontificios se endeudaron demasiado con Venecia y otros reinos y tuvieron que cobrar algunos impuestos sobre el ingreso de dinero, algo así como el impuesto sobre la renta.

En conclusión, los cruzados jamás se hicieron ricos en la guerra, por el contrario el ir a pelear en las cruzadas significaba pobreza o en el menor de los casos problemas económicos. Los caballeros cruzados llegaron a administrar grandes cantidades de dinero, pero solo lo administraban como personas dignas de fe y de confianza. El dinero no fue suyo. Hubo excesos y mal comportamiento de algunos, pero eso fue una simple excepción a la gran generalidad. Por lo tanto, cualquiera que diga que las cruzadas fueron un gran negocio está totalmente equivocado.

Mito 3: Los cruzados no creían realmente en motivos religiosos, obedecía a otros motivos más terrenales como el poder y la riqueza. Este mito va muy relacionado con el anterior, el pensar que era más, el interés económico, material o de poder, de los que caballeros templarios y cruzados que su interés religioso.

Tal y como en los dos primeros mitos, esta afirmación es falsa. Como ya se ha hecho mención, los que participaban en las cruzadas eran personas que como común denominador debían de ser personas sumamente religiosas, comprometidas con la Iglesia jurando pobreza, obediencia y castidad, pero sobretodo con una fuerte convicción en que iban a pelear una guerra donde muy posiblemente no sobrevivirían. El espíritu religioso y la fuerte convicción en su fe se puede demostrar por una sola razón: Las bajas por muerte en las cruzadas. Las muertes de cruzados eran tan altas, que muchos, si no la mayoría de los cruzados, iban a ellas sabiendo que no iban a volver. Según datos investigados por el Dr. F. Crawford se ha estimado la tasa de bajas en un aplastante setenta y cinco por ciento.

Existe una declaración del cruzado Robert de Cresèques, del siglo XIII, quien manifiesta de manera literal: *"venido a través del mar para morir por Dios en la Tierra Santa"*[33](a la que efectivamente siguió rápidamente su muerte en una batalla) esa declaración inusual en su fuerza y cumplimiento inmediato, no era una actitud atípica. Es difícil imaginar un argumento más significativo y concluyente para probar la dedicación de cada cruzado, en su causa, que sacrificar la vida por ella… y la gran mayoría hicieron eso.

Este mito también se revela como falso cuando consideramos la manera en la que los cruzados fueron animados a participar en batalla. Los cruzados no fueron reclutados, ni obligados a participar de forma alguna, jamás se les prometió

---

33 ídem.

dinero, fama o fortuna. La participación era voluntaria y los participantes eran alentados con el famoso "sermón cruzado". Sermones que estaban repletos de advertencias de las privaciones, sufrimientos y la altísima probabilidad de morir en batalla. Esta era la realidad de las cruzadas y era algo bien sabido por todo el que participaba en ella. Como el historiador, especialista en cruzadas, Jonathan Riley-Smith ha destacado, los predicadores de las cruzadas *"tenían que persuadir a sus oyentes a comprometerse ellos mismos en empresas que interrumpirían sus vidas, posiblemente los empobrecerían e incluso los asesinarían o mutilarían o serían un inconveniente para sus familias, cuyo apoyo necesitarían... si es que iban a cumplir sus promesas".*[34]

Siendo tan severa la prédica y tan poco alentadora, la prédica para combatir en las cruzadas ¿cómo tenía éxito? Funcionaba porque las cruzadas eran precisamente una tarea dura y conocida y porque emprender una cruzada por los motivos correctos era entendida como una penitencia aceptable del pecado. Lejos de ser una empresa materialista, la cruzada era impráctica en términos mundanos, pero muy valiosa para el alma y la firme creencia en la salvación en caso de morir en ella.

"Para los cristianos... la sagrada violencia", subraya Riley-Smith, no puede ser propuesta en cualquier ámbito excepto en el del amor.[35] Esto explica por qué la participación en las cruzadas se consideraba como meritoria, por qué las expediciones eran vistas como actos penitenciales con las que se podía ganar indulgencias y por qué la muerte en batalla era vista como martirio. Como manifestaciones del amor cristiano. Las cruzadas fueron producto de la renovada espiritualidad del Medioevo central, con su preocupación de vivir la vida apostólica y expresando los ideales cristianos en activas obras de caridad, como lo fueron los nuevos hospitales, el trabajo pastoral de los agustinos y el servicio de los frailes. La caridad de San Francisco

---

34 ídem
35 ídem

de Asís podría impactar más ahora que los cruzados, pero ambas se originan de las mismas raíces.

Mito 4: Por culpa de los cruzados los musulmanes odian y atacan a cristianos. Este es un mito que se ha generado a raíz de los cada vez más numerosos ataques terroristas en todo el mundo y como siempre buscando a quien culpar, se culpa a la organización que por postura nunca contesta la ofensa o el ataque, es decir, a la Iglesia Católica. En pocas palabras culpan a las cruzadas de que por culpa de éstas, los musulmanes odian a los cristianos y realizan ataques terroristas.

Recordando el discurso del presidente Clinton mencionado al principio de este capítulo, sobre los soldados cristianos tomando Jerusalén en el año 1099, procediendo a matar a todas las mujeres y a todos los niños musulmanes en el templo del Monte, con sangre hasta las rodillas, nos da una idea de lo erróneo que se percibe a las cruzadas pero también las mentiras que se crearon sobre el odio musulmán hacia los cristianos gracias a las cruzadas.

A los musulmanes nunca les importaron mucho los hechos históricos que rodearon a las cruzadas, nunca lo vieron como algo doloroso, los que escribieron las crónicas de las cruzadas fueron cristianos árabes, todas las referencias de esa época hablan bien de los ganadores, es decir de los cruzados, de cómo recuperaron sus territorios en su mayoría y liberaron a los pueblos de la opresión musulmana, obviamente a los musulmanes no les interesaba una historia donde no solo perdieron, sino que además los señalan como los malos del cuento, de hecho era una historia tan vergonzosa para ellos que no querían recordarla hasta el siglo XIX. Prueba de ello es un pasaje que se encuentra en una de las cartas de Lawrence de Arabia, quien describe una confrontación durante las negociaciones de la Primera Guerra Mundial entre el francés Stéphen Pichón y Faisal al-Hashemi (luego Faisal I de Irak). Pichón hizo una mención en esa reunión recordando las cruzadas, a lo que Faisal contestó con la siguiente pregunta: *"¿Pero, perdóneme, quien de nosotros ganó las cruzadas?"*[36] Fue hasta el año de 1899 que un grupo de escritores de corriente anticatólica, masónica y anticruzada como Voltaire, Gibbon y Sir Walter Scott presentaban una idea muy distorsionada y fuera de toda realidad de los cruzados, presentándolos como bárbaros, violentos, asesinos y codiciosos, que con el pretexto de la fe mataron a los indefensos y pacíficos musulmanes. Casi al mismo tiempo surge en el S. XX un movimiento nacionalista árabe, el fundamentalismo musulmán, ahora llamado "yihadismo". Ese movimiento radical toma esos mismos pensamientos tergiversados y los vuelve el estandarte de su discurso anticristiano, pero no fue hasta que occidentales como Voltaire, Gibbon, Sir Walter Scott; y Sir Steven Runciman del siglo XX escribieron su propia versión desenfocada sobre las cruzadas, que los musulmanes radicales y por conveniencia creyeron esa parte de la historia inventada.

Con todos los datos aquí vertidos observamos claramente que las cruzadas no son lo que nos pintan en las películas de Hollywood y que en lugar de creer lo primero que nos presentan como algo histórico, es nuestro deber investigar cada hecho que se nos presenta como cierto y al mismo tiempo darle la oportunidad a la Iglesia Católica de ejercer su derecho de réplica sobre las acusaciones que le hacen constantemente.

---

36 ídem

CAPÍTULO ONCE

"EL CÓDIGO DA VINCI"

La oficina de pastoral del Arzobispado de Lima, Perú, alertó a la comunidad entera en el año 2006, sobre los peligros que encerraba el estreno de la película "el Código Da Vinci" basada en el libro homónimo escrito por Dan Brown. En la publicación del Arzobispado visible en el sitio web "ACI prensa" bajo el título *El código Da Vinci y sus mentiras*[37] realiza un análisis pormenorizado de la novela y devela cada una de las mentiras vertidas en dicho libro.

No hay nada más peligroso y efectivo, si lo que se pretende es engañar que vender una mentira mezclando hechos ciertos con hechos falsos. Al igual que este libro va dirigido a personas que por sus distintas ocupaciones o preferencias no es el estudio o investigación de temas religiosos su prioridad, el libro de Dan Brown va dirigido a cierto número de personas que gustando de la acción y del suspenso lean gustosos un libro sobre una aventura llena de secretos y revelaciones, pero el libro del "Código Da Vinci" de manera maliciosa otorga datos al lector aparentemente ciertos sustentando, lo dicho en el libro, con supuestos documentos y descubrimientos que seguramente harán dudar al lector de que lo expuesto en la novela es verdad y en muchos otros casos convencerá al lector de manera definitiva, porque el lector se conformará con los datos mostrados en el libro sin hacer sus propias investigaciones al respecto, para determinar si lo leído es verdad o mentira.

Cierto es que el autor ha manifestado que lo dicho en el libro es ficción y que su obra es una novela, sin embargo, engañosamente no advierte de eso en ninguna parte del libro, por el contrario anima al lector a creer, en cada momento, que todo

---

37 *"El código Da Vinci y sus mentiras". Visible en el sitio web https://www.aciprensa.com/controversias/DaVinci2.htm*

parte de una cierta verdad provocando el error en su audiencia. Muchas personas dicen que "El código Da Vinci" es una novela de ficción, y por eso no hay que tomarse tan en serio una obra de ese tipo, pero en el caso de "El código Da Vinci" el autor no sólo deforma la realidad histórica que fundamenta su novela, sino que propone una interpretación ofensiva sobre Jesús y el cristianismo. Resulta sumamente grave y engañoso por parte del autor que en la presentación del libro, señale como auténticos los documentos del Priorato de Sion, el cual es un invento del siglo XX usado para difamar al Opus Dei y textualmente diga: *"Todas las descripciones de obras de arte, edificios, documentos y rituales secretos que aparecen en esta novela son veraces".[38]*

Ahora bien, el hecho de que el libro "El código Da Vinci" sea una novela de ficción, no menoscaba en nada la ofensa que realiza a todo el mundo católico, pues, aun cuando sea por diversión, los hechos narrados y sugeridos dentro de esa novela son sumamente injuriosos para nuestras creencias, pues es con la divinidad de Cristo, con lo que pretende jugar y eso siendo ficción o no, o con ánimo de ofender o no, no se puede tolerar. Me imagino a los escritores de las herejías cátaras o albigenses del S. X, sin ser castigados nada más por argumentar que lo que habían escrito era simplemente parte de una novela. No, lo que se escribe en contra de nuestra fe, en contra de nuestra religión y en contra de nuestro Dios, sea en serio o en broma se debe de considerar ofensa grave y habrá que defender nuestra creencia.

Una vez aclarado lo anterior y tomando como base el mismo modelo que la oficina del Arzobispado de Lima, me enfocaré en plasmar un resumen de todas las mentiras religiosas y teológicas esgrimidas de manera irresponsable por el ofensivo autor y desmentir cada una de ellas mostrando los hechos históricos verdaderos y exponiendo las falsedades e incongruencias de la obra.

---

38 ídem

LA NOVELA. Para aquellos que no hayan leído el libro o visto la película, la historia que Dan Brown, autor de El Código Da Vinci relata, es la siguiente: Robert Langdon, es un estudioso profesor norteamericano experto en simbología religiosa en la Universidad de Harvard, estando en la ciudad de París con el propósito de dictar unas conferencias es señalado como principal sospechoso en el asesinato del curador del Museo del Louvre, Jacques Saunier, quien es hallado muerto en el mismo museo, desnudo, encima de un pentagrama y un mensaje en clave pintado con su sangre, mencionando además el apellido Langdon. La policía piensa que Langdon es el asesino y trata de incriminarlo. Aparece en escena Sophie Neveau, criptóloga de la policía y nieta de Saunier, quien convencida de la inocencia de Langdon, lo ayuda a escapar. El desarrollo de la novela muestra que el difunto Saunier pertenece a una sociedad secreta llamada "El priorato de Sión", cuya misión es proteger el secreto más valioso de la historia, el Santo Grial. Pero no se trata del cáliz donde, según la leyenda, fue recogida la sangre de Cristo. El Santo Grial es, en realidad, el vientre de María Magdalena, quien supuestamente fue esposa de Jesús y con quien tuvo una hija, origen de la dinastía real francesa. Esta "verdad" fue ocultada por la Iglesia Católica, que cambió la historia y convirtió a Jesucristo en Hijo de Dios siendo un simple maestro. Pero fue la sociedad secreta llamada "Priorato de Sión" quien tuvo a su cargo la protección de la descendencia de Jesús y de María Magdalena, considerada como una "diosa" femenina. Entre los jefes del Priorato, destaca Leonardo Da Vinci, quien en sus cuadros y dibujos (como La Última Cena y la Mona Lisa) muestra las claves para descubrir este secreto. La Iglesia Católica trata de hacer desaparecer este gran secreto y un monje asesino perteneciente al Opus Dei, el albino Silas, persigue a Langdon y a Sophie Neveau, que lo llevarán hasta el Grial. Huyendo, estos dos últimos, van en busca de Leigh Teabing, un sabio inglés radicado en Francia, para que los ayude. Teabing los saca de Francia y les cuenta el significado del Grial. Al fin, en Inglaterra se descubre el misterio, y se revela que es

Teabing quien está detrás de los asesinatos y ha manipulado al Opus Dei para que le entreguen el secreto tan buscado. Sophie resulta ser descendiente de Jesús y María Magdalena, y la novela termina con Langdon arrodillado ante la pirámide del Museo del Louvre, en París, adorando la tumba de María Magdalena, allí enterrada. Todo esto ocurre en el espacio de un día, a lo largo de 105 capítulos y 557 páginas de trepidante acción.

Mentira sobre los evangelios apócrifos. Según El Código Da Vinci, la verdad sobre Jesús no está contenida en los cuatro evangelios que conocemos y que fueron reconocidos como verdaderos (Mateo, Marcos, Lucas y Juan) sino en otros evangelios, llamados "apócrifos" y que supuestamente la Iglesia mantuvo ocultos para que no se conociera su mensaje. Estos libros, que supuestamente revelan la verdadera historia de Jesús, serían los "evangelios" de Tomás, de Felipe, de María, etc. Evangelios que supuestamente se encontraron en Qumram en el año 1947 y en Nag Hammadi en 1948, pero la Iglesia los escondió porque comprometía la doctrina "oficial" sobre Jesús.

La verdad es que los evangelios apócrifos son mucho más recientes que los evangelios canónicos. Hoy sabemos que los apócrifos fueron redactados en el siglo II, que fueron escritos por autores desconocidos, que habían usado engañosamente los nombres de alguno de los apóstoles como posibles autores para darles mayor credibilidad utilizando, incluso, el nombre de María, que enseñaban doctrinas heréticas negando aspectos fundamentales sobre Jesús y que se contradecían entre sí. Razones, todas, por lo que, al igual que otros muchos escritos fueron rechazados mucho antes de los concilios de Hipona y Cartago realizados en el año 383 D.C y 397 D.C, respectivamente, concilios que confirmaron los cuatro evangelios como los únicos dignos de fe y credibilidad. En comparación con los apócrifos, los evangelios canónicos de Mateo, Marcos, Lucas y Juan fueron escritos dentro de los primeros cien años a la muerte y resurrección de Jesucristo, fueron escritos en fechas muy cercanas a los acontecimientos narrados, siguen de manera congruente la doctrina enseñada por Jesucristo y por las primeras Iglesias formadas, como la de Jerusalén, Antioquía y Roma, no se contradicen Mitos y Realidades de la Iglesia Católica de manera alguna, por el contrario se complementan entre sí y fueron corroborados por numerosos testigos judíos e historiadores de la época como Flavio Josefo.

Además, Dan Brown oculta dos verdades importantes. La gran mayoría de los rollos y pergaminos encontrados en la ciudad de Qumram son documentos judíos, no son los "evangelios apócrifos" los cuales, como ya se ha dicho, se sabía de su existencia desde el S. II. y por otra parte, miente cuando dice que la Iglesia escondió los apócrifos. La verdad es que estos libros siempre fueron conocidos y la Iglesia los estudió porque, a pesar de sus errores ofrecen datos interesantes sobre los primeros siglos de la historia del cristianismo. Hoy día, estos "evangelios apócrifos" pueden comprarse en cualquier librería Católica.

Mentiras acerca de la Divinidad de Jesús.- Según la novela, Jesús habría sido un simple hombre, un gran sabio con un mensaje revolucionario. Jesús no era Dios. Se casó con María Magdalena, de la que tuvo una hija y cuyos descendientes viven hasta hoy. Esta "verdad" es la que, según la novela describen los evangelios "apócrifos".

Este, es el mensaje nuclear de El Código Da Vinci: la negación de la divinidad de Cristo. Con esto, se rechaza de plano la fe de la Iglesia Católica, que desde sus inicios ha proclamado a Jesús como Dios y ha defendido esta fe, de todos los ataques y negaciones.

La ignorancia y saña de la novela es patente cuando dice que los "apócrifos" enseñan que Jesús es un puro hombre y que no es Dios (herejía del siglo I llamada arrianismo) y que se casó con

María Magdalena. Los "evangelios apócrifos" son de una corriente distinta de herejías creadas en el siglo II llamadas "gnosticismo y docetismo" que profesan que Jesús, siendo Dios, no es verdaderamente hombre (todo lo contrario de lo que afirma Dan Brown). Por otra parte, ninguno de los apócrifos afirma que Jesús haya estado casado con santa María Magdalena y mucho menos que haya tenido hijos de ella. Eso es un invento descarado del autor de la novela. Por el contrario todo el Nuevo Testamento, escrito en el siglo I afirma claramente que Jesús es Dios.

Para la Iglesia, la divinidad de Cristo es una verdad centralísima, presente desde los orígenes y que ha sido revelada por el mismo Señor Jesús. Por otra parte, tampoco en los Evangelios y en las cartas de Pablo o en los escritos de San Juan podemos encontrar algún dato que señale que Jesús se casó con María Magdalena. ¿No sería un evento tan importante como para que ningún evangelista lo contara? Eso no es más que una invención y una mentira más de las muchas que contiene esta obra. El Evangelio es claro en afirmar que Jesús se mantuvo célibe durante toda su vida.

La mentira sobre Santa María de Magdala. La novela presenta a María Magdalena como esposa de Jesús. Su vientre es el "Santo Grial", es decir el receptáculo de la sangre o descendencia de Jesús. Indica el autor del Código Da Vinci que Jesús encomendó su Iglesia a María Magdalena y que en ella se vivía la religión de "la diosa", es decir, el culto de lo femenino como Dios. Pero Pedro apóstol triunfó y eliminó a María Magdalena de la escena, ensombreciendo su figura e instaurando un culto machista.

Esta, es la parte más llamativa de la novela, y lo que suscita cierta curiosidad morbosa en unos y escándalo en otros. Pero no es, sino otra de las mentiras de El Código Da Vinci. Se trata de una idea propuesta en la película "Jesucristo Superestrella" donde se ve a María Magdalena enamorada de Jesús, así como en la novela "La última tentación de Cristo" de Nikos Kazant-zakis. Obra por la que su autor fue excomulgado. Más aún, la idea de que el Grial es el vientre de María Magdalena, ha sido plagiada por Dan Brown de la obra de Michael Baigent, Richard Leigh y Henry Lincoln, "El enigma sagrado" libro calificado de especulación ridícula, sin sustento histórico.

Los "evangelios apócrifos" jamás dicen que Jesús encomendó a María su Iglesia y la religión del culto femenino, por la sencilla razón de que los evangelios apócrifos tenían una visión descaradamente machista y denigratoria de la mujer. Para los gnósticos, "solo la mujer que se convierta en varón podrá entrar en el Reino de los Cielos" (Evangelio gnóstico de Tomás). Por otra parte, la Iglesia nunca ocultó la figura de María Magdalena. Por el contrario, se le da la importancia que merece como una mujer ejemplar, después de su arrepentimiento, una seguidora incondicional de Cristo y de la Virgen María, así como la primera testigo de la resurrección de Cristo. En los Evangelios canónicos aparece como la primera en ver a Jesús resucitado y la Iglesia, lejos de denigrarla o enterrarla en el olvido, la ha proclamado santa y le da un culto de veneración. Decir que ha sido esposa de Jesús es de una ridiculez y de una grosería inaceptable.

Mentiras sobre el cristianismo. En su novela, Dan Brown afirma que fue el emperador Constantino quien, a través del Concilio de Nicea en el año 325, hizo proclamar a Jesús como Dios, siendo que era un simple hombre. De este modo fue enterrada la verdadera religión de Jesucristo, que era la "religión de la diosa", cuya representante era María Magdalena. La Iglesia, según el libro, ha mantenido oculto este secreto y ha buscado a sus defensores para destruirlos, aunque algunos grupos, como los Templarios, la Masonería y el Priorato de Sion se encargaron de proteger a la descendencia de Jesús y de María Magdalena. Un grupo católico que incluso llega hasta el asesinato para obtener el secreto del Grial es el Opus Dei.

En este aspecto se mezclan la ignorancia y la malicia. Para comenzar, Constantino no proclamó "Dios" a Jesús mediante el Concilio de Nicea. Dicho concilio tampoco fue convocado por el Emperador Constantino, que en ese entonces no era ni siquiera católico, fue convocado por el Papa en turno, San Silvestre I y presidido por Osio, Obispo de Córdoba, reuniendo a 318 Obispos. El concilio de Nicea fue realizado para reafirmar la fe de la Iglesia contra la herejía arriana, que negaba la divinidad de Cristo, por tanto no proclamó nada nuevo, sino lo que se creía desde siempre. Desde los mismos tiempos de Jesús y su resurrección ya se creía en Él como Dios, el concilio solo estableció lo que ya se sabía y corrigió lo que una corriente herética de ese tiempo pensaba. Los Templarios, que menciona la novela, eran, como ya se ha dicho una Orden militar y religiosa medieval cuyo cometido era proteger a los peregrinos que visitaban Tierra Santa y a la tierra santa en sí misma, de los turcos musulmanes y no tenían por finalidad proteger secreto alguno.

Mentiras sobre el Priorato de Sion y el Opus Dei.- Tampoco existe una Orden secreta llamada "Priorato de "Sion" que se remonte al siglo XI y cuyos miembros han sido grandes sabios y artistas de la historia. Hoy se sabe que es una farsa inventada en el año de 1956 por un señor de nombre Pierre Plantard, quien sin haber acabado sus estudios, estando desempleado y vivir de la pensión de su madre creó dicha mentira con el objeto de ganar dinero. En cuanto a las menciones al Opus Dei, resultan totalmente infundadas e infamantes. Constituyen una burda manera de insultar y vilipendiar a la Iglesia Católica en una de sus instituciones.

Ultima mentira y la venta de una nueva religión. Según la novela, la religión originaria de la humanidad fue "la religión de la diosa", vinculada a la tierra y a la fertilidad. Esta fue la religión que Jesús reivindicó y que tuvo como símbolo a María Magdalena. En esta religión, el rito central es la unión sexual llamada "hieros gamos", que simboliza la unión con la divinidad. Este tipo de religión fue protegida por los jefes del Priorato de Sión, algunos de los cuales fueron homosexuales, como por ejemplo Leonardo Da Vinci.

El rechazo del cristianismo en El Código Da Vinci corre paralelamente con la propaganda que hace a esa nueva religión de lo femenino. Hay toda una exaltación a lo pagano, una visión feminista de la existencia, muy propia de la corriente llamada "new age" (analizada en el capítulo trece). Por otra parte, la presentación de la homosexualidad, se hace exaltando esta condición como algo no sólo normal, sino incluso bueno.

Aceptar una visión religiosa pagana como lo propone la novela, en la línea de la "new age" no es avanzar, sino retroceder. El Cristianismo arrancó a los hombres de las garras del paganismo, con sus errores y esclavitudes y los liberó del terror de los falsos dioses.

Por otra parte, la novela no dice que su deidad "hieros gamos" en realidad era "prostitución sagrada", y las pobres mujeres que participaban en estos ritos, no eran consideradas como diosas, sino como meros instrumentos para satisfacer los deseos de los hombres que buscaban la unión con la divinidad. Al eliminar esos cultos, el Cristianismo liberó a la mujer de esa opresión religiosa y le devolvió su dignidad de persona.

En conclusión después de revisar todo este conjunto de errores, falsedades y difamaciones, no queda más que concluir que El Código Da Vinci es una novela llena de mentiras y ataques que pretenden pasar falsedades como verdades para denostar a Jesucristo y a su Iglesia.

"Jesús nos dijo: "Conoceréis la verdad y la verdad os hará libres" (Jn 8, 32). Tenemos la certeza de conocer la verdad. Ella nos ha sido dada por Jesús y comunicada por la Santa Iglesia Católica. Lo que Ella nos enseña acerca de Jesús es la Verdad. Nosotros tam-

bién podemos decir, al igual que San Pablo: "Sé de quién me he fiado" (2 Tim 1, 12).[39]

---

39 Basado en catholic.net. "el código Da Vinci y sus mentiras". Visible en el sitio web https://www.aciprensa.com/controversias/Da Vinci2.htm.

CAPÍTULO DOCE

LA MASONERÍA

En este libro, se pretende esclarecer, no solo los principales temas que son utilizados de forma constante para atacar a la Iglesia Católica, también resulta importante hablar de algunas corrientes de pensamiento y actividades de las cuales se desconocen sus peligros y la prohibición expresa por parte de la Iglesia Católica para practicarlas. Tal es el caso de la masonería y la "new age" temas que conforman los dos siguientes capítulos de este libro.

Tanto la masonería como el "new age" son prácticas, literal y expresamente prohibidas por la Iglesia Católica por una simple razón, son de origen demoniaco. Para poder explicar estos temas, es necesario entender la existencia del diablo, de Satanás, del ángel Lucifer caído, como un ente espiritual real, existente, creado por Dios como espíritu puro y que por decisión propia se rebeló ante él y por orgullo y soberbia se despojó de todo bien convirtiéndose en la ausencia total de bien y volviéndose el enemigo de Dios. El diablo existe, es una persona desde el punto de vista filosófico única, libre, trascendente y espiritual que quiso ser igual a Dios y por esa soberbia tan grande fue castigado y arrojado al abismo, a la obscuridad plena, donde no llega la luz de Dios. Luego entonces, el diablo no fue creado malo por Dios, Satanás fue creado como un ser de luz, superior a muchos ángeles como él y para el servicio y contemplación de Dios, sin embargo, por decisión propia, gracias a su propia libertad, decidió tratar de usurpar el lugar de Dios, se rebeló contra Él y ese acto hizo que perdiera todo lo bueno que habitaba en él, pues él mismo rechazó, desde ese momento la autoridad de Dios y fue por eso que él mismo se alejó de todo lo que era Dios, luz, verdad, amor y pureza. En ese momento y al no tener ya cabida en el paraíso o mejor dicho en la casa de Dios, fue arrojado al único lugar donde el amor, la luz, la verdad y la pureza no llegaban, es decir, al abismo, a la obscuridad a la mentira y a la total impureza. Dios no crea el mal, el mal es la ausencia de Dios y por eso, al carecer el diablo de toda presencia de Dios, carece de luz y por eso es el padre de la obscuridad, carece de amor, por eso es el padre del odio, carece de verdad, por eso es el padre de la mentira y carece de pureza por eso es el padre del pecado y la inmundicia. En otras palabras, el diablo existe, es real y tiene un fin muy claro, la condenación de las almas.

Desde el inicio, existe en el mundo una guerra declarada entre el bien y el mal, entre Dios creador de todo y su ángel malvado, renegado y soberbio que prefirió ir en contra de su Dios a estar al servicio de los hombres como herederos e hijos de Dios mismo. Satanás, supo por Dios que los hombres, aquellas criaturas imperfectas y pecadoras serían los que heredarían no solo el reino de Dios, sino también su parentesco filial con Él, de hecho, serían llamados hijos de Dios y que una mujer de aquella raza, sería nada más y nada menos que la Madre de Dios, la Corredentora del mundo y la Reina del cielo. Situación que Luzbel, no quiso aceptar, por voluntad propia y por decisión libre y personal decidió actuar con soberbia y rebelarse ante los planes de Dios, pues ya no sería él, el ángel más importante, ni la criatura más poderosa, lo serían los hombres y sobre todo una mujer.

Esa guerra ha continuado a través del tiempo, siendo la Iglesia Católica y todos los hombres el blanco de ataque de Satanás y todo su ejército diabólico.

El fin primario de Satanás es la condenación de las almas, la forma más simple de lograrlo es alejando al hombre, lo más posible, de la Iglesia Católica, Iglesia fundada por Jesucristo y único lugar donde se administran los medios necesarios para alcanzar la gracia (el visto bueno) a los ojos de Dios, para poder entrar al reino de los cielos. Esos caminos, señales o signos que nos guían para obtener la gracia son los sacramentos, el bautismo, la confesión, la comunión, la confirmación, orden sacerdotal y la unción de los enfermos o extremaunción. Sin esos sacramentos o signos perceptibles por los sentidos nos alejamos irremediablemente de Dios y nos hace incapaces de ser dignos ante sus ojos (sin gracia) para estar con Él, en su reino. Dios mismo lo advirtió estando entre nosotros y claramente dijo que solamente los bautizados, los que coman su Cuerpo y Sangre y los que sigan su doctrina serán recompensados y llamados dignos hijos de Dios. Ya se ha comentado en capítulos anteriores, que el hecho de carecer de estas condiciones sacramentales no es una condenación expresa y "de facto" por parte de Dios, pero si una situación que pone en peligro inminente de condenación para el que no las sigue.

Por tal motivo, el enemigo de Dios, el diablo, Luzbel, Lucifer, Satanás o como se prefiera nombrarlo, no es una figura alegórica ni una idea mental ni un concepto abstracto, sino una persona, real, espiritual y totalmente maligna por carecer de todo bien, tiene por objetivo el que todos aquellos que podemos ser herederos del paraíso, de ser llamados hijos de Dios y estar en la presencia de Dios, no lo logremos y el modo de hacerlo es logrando que nos alejemos de la Iglesia de Dios y de sus sacramentos, para no ser dignos de Él y por lo tanto, por nuestros propios pecados y por nuestras propias decisiones tomadas con total libertad seamos nosotros mismos quienes nos condenemos al abismo, a ese lugar sin luz, sin amor, sin verdad y sin pureza a donde fue arrojado él; en otras palabras el mal de muchos es consuelo de tontos y el único consuelo que le queda al demonio por haber renunciado a Dios es que haya más personas que cometan su mismo error: Que renunciemos a Dios y nos neguemos la posibilidad de estar ante su presencia La existencia del demonio no es un invento de cuento para hacer que nos portemos bien, no es una versión del "coco"[40] remas-

---

40 Tipo de monstruo dentro de la cultura mejicana con el que se acostumbra asustar a los niños, advirtiéndoles que se los comerá si no se portan bien.

terizada para adultos, la existencia de este espíritu maligno está bastante documentada en todos los libros sagrados de todas las religiones del mundo, en todas las culturas y por su puesto en la Biblia.

En el libro sagrado aparece en un gran número de veces la palabra diablo, Satanás o alguna referencia a él, como príncipe de ese mundo, adversario del hombre, el acusador, etc. Referencias que se encuentran en distintas acepciones de origen hebreo como has-satán, diablo, diábolo, diabaloo, etc. Sin embargo, es en Isaías (14, 12-15) y Ezequiel (28, 12-19) donde se hace una referencia pormenorizada de la existencia del demonio, y de cómo fue su rebelión y expulsión del paraíso. Claro está que Luzbel y toda la corte celestial ya existían antes de la creación, pues ellos mismos se regocijan ante todo lo creado. (Job. 38, 4-7); sin embargo, es cuando Isaías reclama al rey de Babilonia y Ezequiel al diverso de Tiro, cuando, ambos dan cuenta de esa sublevación diabólica:

(Isaías 14:12-15) *"¡Cómo has caído del cielo, oh lucero de la mañana, hijo de la aurora! Has sido derribado por tierra, tú que debilitabas a las naciones. Pero tú dijiste en tu corazón: "Subiré al cielo, por encima de las estrellas de Dios levantaré mi trono, y me sentaré en el monte de la asamblea, en el extremo norte." Subiré sobre las alturas de las nubes, me haré semejante al Altísimo. Sin embargo, has sido derribado al Seol, a lo más remoto del abismo"*.

(Ezequiel 28:12-19) *"Hijo de hombre, levanta endechas sobre el rey de Tiro, y dile: Así ha dicho Jehová el Señor: Tú eras el sello de la perfección, lleno de sabiduría, y acabado de hermosura. En Edén, en el huerto de Dios estuviste; de toda piedra preciosa era tu vestidura; de cornerina, topacio, jaspe, crisólito, berilo y ónice; de zafiro, carbunclo, esmeralda y oro; los primores de tus tamboriles y flautas estuvieron preparados para ti en el día de tu creación. Tú, querubín grande, protector, yo te puse en el santo monte de Dios, allí estuviste; en medio de las piedras de fuego te paseabas. Perfecto eras en todos tus caminos desde el día que fuiste creado, hasta que se halló en ti maldad. A causa de la multitud de tus contrataciones fuiste lleno de iniquidad, y pecaste; por lo que yo te eché del monte de Dios, y te arrojé de entre las piedras del fuego, oh querubín protector. Se enalteció tu corazón a causa de tu hermosura, corrompiste tu sabiduría a causa de tu esplendor; yo te arrojaré por tierra; delante de los reyes te pondré para que miren en ti. Con la multitud de tus maldades y con la iniquidad de tus contrataciones profanaste tu santuario; yo, pues, saqué fuego de en medio de ti, el cual te consumió, y te puse en ceniza sobre la tierra a los ojos de todos los que te miran. Todos los que te conocieron de entre los pueblos se maravillarán sobre ti; espanto serás, y para siempre dejarás de ser."*

Resulta claro, en ambos casos, que aunque lo escrito va dirigido a reyes terrenales, esa narración encuadra mucho más para el príncipe de la obscuridad, pues en el caso de los reyes de Babilonia y Tiro, la descripción que se hace de ellos no encuadra en su condición humana, pues nunca fueron querubines, nunca fueron derribados del cielo, nunca quisieron subir con las estrellas, nunca quisieron subir por encima de la nubes, nunca estuvieron en el monte de Dios, ni fueron arrojados a las piedras de fuego. Toda esa narrativa va dirigida directamente al padre de la mentira, al ángel malvado quien renegó de Dios.

Como ya se ha dicho, la existencia del demonio no es una cuestión única de la religión Católica, es de las pocas cosas en que se pone de acuerdo casi todas la religiones, creencias y culturas del mundo, de hecho son únicamente los necios que no creen que en Dios los únicos que, de alguna manera tampoco creen en el diablo. Ésta es la estrategia más importante de Satanás.

Para el demonio es sumamente importante alejar a las personas de Dios, de su Iglesia, se sus sacramentos y de su doctrina, para ese fin es importante establecer que quizás Dios no existe, si no existe Dios, tampoco Satanás y si no existen ellos, tampoco existe realmente el bien ni el mal. Lo que realmente importa es el hombre, el "yo" y por lo tanto perfeccionarnos como personas, más sanos, más inteligentes, más poderosos desde nuestro interior. Satanás pretende hacer que los hombres volteen la mirada a nosotros mismos, en lugar de voltear a ver hacía Dios, de esa forma empezamos a poner atención únicamente en las cosas de este mundo, en lo que nos conviene de manera física y mental, nunca espiritual. La manera más clara que tiene para lograr eso es hacernos creer que lo trascendente está adentro de nuestro propio cuerpo y de nuestra propia mente, que las energías que nosotros necesitamos para sentir paz, tranquilidad y bienestar no está en el Dios, en la Iglesia Católica, ni en sus sacramentos, está adentro de nosotros mismos, en el poder de nuestras mentes y de nuestros cuerpos.

Pues esto, es exactamente de lo que se trata la masonería y el "new age" o "nueva era"

Parte del éxito de estas organizaciones y corrientes de pensamiento es que a primera vista no atacan a la Iglesia e incluso se puede ser católico y al mismo tiempo pertenecer a ellas.

La verdad es que esas organizaciones son contrarias a la religión y a todo orden proporcionado por el Estado. Lo que ofrece ese tipo de creencia es sustituir a Dios por el hombre, siendo el hombre un ente sin necesidad de Dios, el segundo paso es crear un nuevo orden mundial. Los creadores de estas corrientes de pensamientos tiene el fin claro de destruir la Iglesia Católica y de estar por encima de los gobiernos para crear una nueva religión, con un solo gobierno emanado y presidido únicamente por un grupo pequeño y elitista de personas directamente al servicio del demonio y a su hijo el anticristo.

La masonería es sin duda alguna el brazo más fuerte del demonio, es el departamento de publicidad y mercadotecnia y la dirección jurídica de la empresa del satanismo, pues es, a través de la masonería, que el demonio ha logrado posicionarse en todos los sectores de la sociedad, en todos gobiernos, culturas y religiones del mundo. Es la red de espías más extensa e importante creada desde cientos de años con el único propósito de derrotar a Dios, a su Iglesia y hacerse del poder general de todo el mundo. Si es el demonio el príncipe de este mundo (Jn. 16,11) y el fin inmediato de la masonería es obtener el poder global del mundo, resulta muy lógico pensar que el segundo, es la institución creada por el primero para que le ayude a alcanzar ese objetivo.

Breve Historia de la masonería.- como ya se ha dicho, el demonio y su ejército infernal tiene como objetivo apartarnos de Jesucristo y de su doctrina, pero para lograr esa escisión era necesario suplir mucho de lo que la Iglesia de Jesucristo nos aporta. En ese sentido la masonería toma muchos elementos "religiosos" católicos y los suple por otros parecidos, en primer lugar, para darle un toque místico a su nefasta organización y segundo, para que al realizar, dichos rituales no extrañemos las solemnidades que realizamos dentro de la liturgia Católica. Por ejemplo, dentro de la masonería se encuentran elementos como templos, altares, oraciones, un código moral, culto, vestimentas, rituales, días festivos, la promesa de retribución después de la muerte, jerarquía, ritos de iniciación y ritos fúnebres.

Pero ¿cómo llegó a ser tan importante esta organización, de que se valió para que fuese considerada al día de hoy la más influyente y poderosa en la historia moderna y contemporánea? La historia de la masonería comienza su existencia en el siglo XIII, cuando un grupo de albañiles (en francés, maçons) se emanciparon de los frailes, encargados de la construcciones de los templos y catedrales europeas. Conservaron los secretos y las técnicas del estilo gótico e instituyeron tres grados jerárquicos dentro de su organización: aprendiz, compañero y maestro, implantaron ceremonias de iniciación y de fidelidad. A principios del siglo XIV, algunos maestros alemanes viajaron a Inglaterra a construir catedrales, pero los aprendices ingleses que trabajaban con ellos organizaron talleres propios y de este modo redactaron la primera ley masónica. La Constitución de York y la Orden de la Fraternidad de los Libres Masones. Cien años más tarde, estos grupos admitieron gente rica e influyente bajo la denominación de hermanos patronos, por lo cual cambió el nombre a "Fraternidad de los Masones Libres y los Aceptados".

En resumen, la Masonería tomó su nombre del antiguo gremio de los masones. Éstos eran los artesanos que trabajaban la piedra en la construcción de grandes obras. Con el declive de la construcción de las grandes catedrales en Europa y la propagación del Protestantismo, los gremios de masones comenzaron a decaer y para sobrevivir comenzaron a recibir miembros que no eran masones de oficio. Con el tiempo, estos últimos se hicieron mayoría y los gremios perdieron su propósito original. Pasaron a ser fraternidades con el fin de hacer contactos de negocios y discutir las nuevas ideas que se propagaban en Europa.

La fundación de la Masonería ocurre en 1717. En el siglo XVIII varios intelectuales y científicos crearon una orden identificada con una rosa y una cruz (rosacruces) que incorporó principios del agnosticismo,[41] judaísmo y maniqueísmo, popularizaron los símbolos de la escuadra y el compás, practicaron la alquimia y la teosofía.[42] El 24 de junio de 1717, se fusionaron las cuatro logias de la Fraternidad con la Sociedad de Alquimistas Rosacrucianos. Al conjunto se le llamó Gran Logia de Inglaterra y se adoptó el nombre de francmasonería (de "franç", que quiere decir "libre"). Es en Inglaterra donde se da el paso de una masonería *operativa* (la de los constructores que tra-

---

41 Doctrina filosófica que considera inaccesible para el entendimiento humano la noción de absoluto y, especialmente, la naturaleza y existencia de Dios y, en general, de todo lo que no puede ser experimentado o demostrado por la ciencia.

42 Conjunto de doctrinas religiosas que defienden que el conocimiento de Dios se puede alcanzar sin necesidad de la revelación divina; presentan un aspecto místico y creen en la transmigración de las almas.

bajaban la piedra con sus manos y herramientas) a otra *especulativa* (*período histórico*) en la que la construcción es sólo simbólica, trabajándose a la humanidad mediante el modelado del propio ser. La *"iniciación"* para ellos significa *"entrar"* paso introductorio de un hombre que desea cambiar su *"modo"* de conocer, de actuar, de ser. Ese paso se desarrolla en una *iniciación simbólica*, mediante un rito que resume ese trance y que capacita al neófito para ejecutarlo.

Con la unión en Londres de cuatro gremios para formar la Gran Logia Masónica como liga universal de la humanidad, pronto pasó a Francia donde se fundó "El Gran Oriente de Francia" en 1736. En 1786, Federico II, tercer Rey de Prusia reorganizó las órdenes masónicas, las reunificó, reglamentó su funcionamiento, su liturgia y estructuró sus grados. Desde esas fechas la fraternidad, dividida en diversos ritos como el escocés, el yorkino, el francés, el egipcio, el templario y el nacional mejicano, se ha extendido por los 5 continentes y actualmente se encuentra presente en más de 200 países, agrupando entre sus filas a varias decenas de millones de masones con un solo propósito hacerse del poder mundial, suplantando a Dios por el hombre y a lo espiritual por lo material.

La masonería y su filosofía.- como ha quedado explicado la masonería se divide en diversas logias u organizaciones que llevan distintos nombres y en distintas partes del mundo, sin embargo el hecho de pertenecer a una o a otra no varía, en nada con los principios fundamentales que ostenta a nivel general.

El principio filosófico de la masonería es cien por ciento materialista. Defiende un mundo materialista y egocéntrico en el que Dios no cabe, sino únicamente como el denominado "Gran Arquitecto" cosa que no pasa de ser un mero simbolismo, ya que para los masones ellos son sus propios dioses, no tienen más obediencia, que al poder, al dinero, a la perfección de su propio ser y a las fuerzas obscuras que les pueden ayudar a obtener todo aquello. Su organización se basa en la unión incondicional (fraternidad) entre sus agremiados a quienes están dispuestos a defender y apoyar sin importar los crímenes que éstos cometan.

Las constituciones de Anderson.- la masonería en general, basa sus postulados, su ideología, reglamentaciones y objetivos en un documento llamado "las constituciones de Anderson". En dicho documento se plasman los niveles o grados jerárquicos dentro de la organización, así como los diversos principios que definen a los masones tal y como son. Todos los artículos que se encuentran plasmados en dicha constitución están cargados de principios aparentemente sanos y virtuosos. Se habla de la honradez y probidad que debe tener una persona si quiere ser masón, habla de la obediencia y el respeto por sus demás compañeros masones, en especial a sus superiores. Pero, aun cuando en dicho articulado se nota el esfuerzo para no parecer una sociedad gnóstica[43] y elitista, no pueden evitar hablar sobre lo perfecto que debe de ser una persona para pertenecer a ellos, de no tener ningún defecto físico, mostrando un racismo irracional e incluso se excluye a la mujer de poder pertenecer a un logia como miembro oficial, relegándolas a actividades mínimas de lectura (artículo IV de la constitución) así mismo se habla de la obediencia total que se debe tener a los superiores de las logias, incluso fuera de ésta, dentro de los distintos trabajos que realizan cada uno de sus miembros, anteponiendo los intereses de la Orden a los laborales, familiares, religiosos y personales de cada masón. Los masones tienen el deber de adaptarse a la mayoría y se espera un vínculo inquebrantable con los otros hermanos de la logia, por encima de cualquier otra consideración, incluso familiar o religiosa, al mismo tiempo se indica que en caso de que un masón cometa un crimen, los otros miembros de la masonería no pueden expulsarle de

---

43 Según esta doctrina los iniciados no se salvan por la fe en el perdón, gracias al sacrificio de Cristo, sino que se salvan mediante la gnosis, o conocimiento introspectivo de lo divino, que es un conocimiento superior a la fe. Ni la sola fe ni la muerte de Cristo bastan para salvarse. El ser humano es autónomo para salvarse a sí mismo.

la logia y su relación con ella permanecerá inalterable. Todas estas circunstancias, convierten en inverosímil la tesis de que la masonería es una organización inocente, un club filantrópico cuya pertenencia no interfiere en nada el pensamiento de sus miembros. No, la masonería busca una "religión universal" la "new Age" o "nueva era" (analizada en el capítulo siguiente), un gobierno único, un nuevo orden mundial, todo desde un punto de vista materialista, con ausencia total de Dios. En las constituciones de Anderson se establece que debe evitarse la discusión en la logia, de asuntos referidos a la religión, la política estatal, la nación, la lengua y cuantos asuntos espinosos, al ser discutidos, vayan en contra del bien de la logia. Sin embargo, eso es para los niveles inferiores pues en los niveles del 30 al 33 se vuelve evidente al anti catolicismo, el rechazo total a Dios y la búsqueda de ese poder universal para dominar al mundo.

En resumen, según se aprecia de su propia constitución, la masonería es una sociedad secreta, esotérica, por encima de cualquier otro vínculo humano, incluidos los familiares y nacionales. Así queda definida la masonería en las Constituciones de Anderson y así es a partir de aquella fecha de 1723.

Creencias, doctrina y organización de la masonería.- La masonería se inicia por ingleses protestantes que al ya no pertenecer a una religión Católica que les imponía reglas claras de obediencia se sintieron con la libertad de experimentar una especie de sincretismo[44] de antiguas religiones que tomaron de grupos ocultistas, como los rosacruces, los sacerdotes egipcios y las supersticiones paganas de Europa y del Oriente. El objetivo era crear una nueva "gnosis" propia de personas ascendidas a un nivel superior. En la masonería no existe reparo en incluir a la Santa Biblia en sus rituales, incluso la usan en sus altares, pero la usan igual que todos los libros sagrados de cualquier religión. Lo hacen con la intención de establecer que cualquier religión es secundaria. El catolicismo es considerado una mera secta y

---

44 Mezcla de varias culturas utilizando todo tipo de creencias o corrientes religiosas.

desde luego enemiga de la religión universal creada por la masonería, aquella que antepone al hombre, a todo lo material y al control mundial ante todo.

El corazón de la masonería está en su simbolismo, su hermetismo, su mandato de ayuda mutua y sus ritos secretos. Las ceremonias, a menudo son largas y complicadas, deben conocerse de memoria, y se realizan utilizando un léxico y una indumentaria particular. Los símbolos habituales de la masonería son muy numerosos, pero lo más conocidos son el compás y la escuadra, la plomada y el nivel, el martillo y el cincel (recuerdos de su origen arquitectónico), la estrella de cinco puntas, las columnas, etc.

La masonería se define como un sistema particular moral que se lleva a cabo mediante símbolos y un método que permite el libre pensamiento, en cualquier tema y la tolerancia ante cualquier opinión y pensamiento. Esta tolerancia total es en realidad un relativismo total que establece la certeza de que nada es bueno, malo, prohibido, verdadero, falso, error o pecado. Por eso rechazan fundamentalmente a la religión Católica, por ser la religión que establece dogmas o dicho de otra manera verdades fundamentales que no pueden ser puestas en dudas, como el pecado, el bien y el mal. Para ellos la religión Católica es ejemplo de intolerancia. Es, la masonería el caldo de cultivo para cualquier acción o conducta que bajo el amparo de que no existe lo bueno y lo malo se realicen los peores actos de ocultismo, asesinato o violación. Todo es relativo y si se realiza por un fin superior deberá estar permitido y bajo la protección y apoyo de los hermanos masones.

Son esos principios fundamentales defendidos por los masones que los hacen tener total rechazo a cualquier religión que profese una verdad revelada, por eso rechazan categóricamente no solo la religión, sino también los sacramentos y la liturgia.[45] Por otro lado defienden a capa y espada la educación laica, tratan de impedir a toda costa el hecho de que se enseñe como parte de la educación integral la existencia de un Dios, del bien y del mal y pretenden anular en todas las escuelas, incluso las privadas cualquier enseñanza religiosa. Siempre se ha pretendido por parte de la masonería, en gran número de países tener el control sobre las leyes a fin de imponer sus creencias, tal y como se verá más adelante. Una síntesis de lo que encuadra la doctrina, creencia y organización de la masonería es la siguiente:

"La Masonería no tiene lugar para el Dios de la revelación. Dios aparece como un concepto y no como persona. Dios es el "Gran Arquitecto" que fundó la Masonería. El hombre se convierte en su propio dios, la misma seducción de la serpiente antigua: "Coman y serán como dioses".

"De hecho, en 1887 la logia masónica del "Gran Oriente" (de la que se inspira por lo general la Masonería en América Latina) formalmente eliminó la necesidad de que sus miembros crean en Dios o en la inmortalidad del alma. Los símbolos cristianos de la cultura recibieron una interpretación secular".

Así, la cruz pasó a ser un mero símbolo de la naturaleza sin mayor trascendencia. Las letras "INRI" sobre la cruz de Jesús, pasaron a significar "Igne Natura Renovatur Integra" (el fuego de la naturaleza lo renueva todo), lo cual es un absurdo. (su verdadero significado es: "Iesus Nazarenus Rex Iudaeorum", Jesús de Nazaret Rey de los Judíos)."

"Algunos masones dicen "creer" en Jesucristo, pero si son consecuentes con la masonería, no creen en él, según el sentido cristiano que lo reconoce como Dios, pero, para no ofender a otras religiones, el nombre de Jesús quedó prohibido en la logia".

---

45 Conjunto de prácticas establecidas que regulan en cada religión el culto y las ceremonias religiosas. "liturgia bizantina; liturgia cristiana; liturgia romana; la liturgia de la Misa".

"Los antiguos masones guardaban celosamente los secretos de su arte. Con la nueva Masonería, el afán de secretismo aumentó y se les impuso estrictamente a los miembros en los ritos de iniciación. Los candidatos deben hacer juramentos de no revelar en absoluto los "secretos" de la masonería so pena de auto-mutilación o de ser ejecutados. El masón expresa el deseo de buscar "luz". Entonces se le asegura que recibirá la luz de la instrucción espiritual que no pudo recibir en otra Iglesia y que tendrá descanso eterno en la "logia celestial" se vive y muere según los principios masónicos." "La Masonería tiene una extensa jerarquía compuesta por 33 grados. El masón "Aprendiz" (primer grado) jura: "No revelaré ninguno de los secretos de la masonería, bajo pena de que me corten el cuello". El masón "Compañero" (segundo grado) jura: "No revelaré jamás ninguno de los secretos de la masonería a los que no son masones, ni siquiera a los Aprendices, y esto bajo pena de que me arranquen el corazón y de que mi cuerpo sea arrojado a los cuervos".

"Al llegar al treintavo grado (llamado "Kadosh"), se debe pisar la tiara papal y la corona real, simbolizando el repudio a sus mayores enemigos, la Iglesia Católica y el Estado. Entonces se jura liberar a la humanidad "de las ataduras del despotismo" (que se refiere, sobre todo a la Iglesia Católica)."

"Cada masón desconoce lo que enseñan y hacen en los grados superiores. Aquí está la gran ironía y el engaño del demonio: Los masones se consideran libres pensadores para opinar, sin contar con la Biblia o la Iglesia (a la que consideran una tiranía) y sin embargo están atados a la logia bajo las más severas amenazas."

"La influencia masónica es poderosa tanto en la política como en los negocios. Cuando los masones han tomado control de un gobierno, como en Francia en 1877 y en Portugal en 1910, han establecido leyes para restringir las actividades de la Iglesia. El continente americano ha sido también profundamente afectado por la Masonería. Muchos líderes tanto de la corona española como de

los movimientos independentistas fueron masones. La Masonería sigue hoy en día muy presente en los grupos de poder. "[46]

Contraposición con la doctrina de la Iglesia Católica.- El tema de la masonería da para mucho más, pero siguiendo con mi promesa de únicamente plasmar lo esencial sobre cada tema, es mi intención ser lo más sintético posible, por lo tanto, una vez analizado, que es, cuáles son sus creencias, orígenes, organización y objetivos de la masonería, analizaré cuales son los puntos con los que se contrapone con la religión Católica y su doctrina:

La Iglesia Católica se ha opuesto y ha condenado en muchas ocasiones a la masonería pero principalmente, sobresalen algunas de las conclusiones a las que se llegó durante el Concilio Vaticano II, iniciado por el Papa Juan XXIII, en el año de 1962 y concluido por su sucesor Paulo VI, en 1965 y que fueron las siguientes.

1.- La masonería viola el primer mandamiento, ya que los masones tienen un concepto de la divinidad opuesto al de la revelación judeo-cristiana. No aceptan a Dios, en su Santísima Trinidad, como único y verdadero. Su deidad es impersonal. Es un falso dios de la razón.

2.- La masonería viola el segundo mandamiento. El grave abuso de los juramentos en nombre de Dios. Formalmente invocan la deidad en sus ritos de iniciación para sujetar al hombre, bajo sanciones directas, a objetivos contrarios a la voluntad divina.

3.- La masonería rechaza a la Iglesia Católica, la cual intenta destruir. Su objetivo de destruir la Iglesia Católica está ampliamente documentado y aunque existe muchísima biblio-

---

46 Tomado de "La descripción de la masonería y la postura de la Iglesia". Visible en el sitio web http://es.catholic.net/op/articulos/1818/cat/19/masoneria.html#

grafía al respecto, me permito recomendar el libro "master plan 1973, de la masonería para destruir a la Iglesia Católica, del Dr. Jerónimo Domínguez. Un documento bastante conciso de 59 páginas pero muy ilustrativo.

Esos tres grandes principios masones, que van directamente en contra de la doctrina Católica, se derivan en otros puntos especificados, en el Concilio Vaticano II:

1.- El Gran Arquitecto del Universo es un concepto abstracto no un Ser personal.

2.- La moral masona no está ligada a ninguna creencia religiosa en particular; se trata de una moral subjetiva.

3.- El antropocentrismo propio del humanismo masón choca con el teocentrismo cristiano.

4.- La doble moral masona que pregona la libertad absoluta pero exige juramentos iniciáticos e impone normas tremendamente estrictas a sus miembros.

5.- La autonomía de la razón masona frente a la relación fe-razón de la Iglesia.

6.- El esoterismo y el sincretismo masón que pretende nivelar todas las religiones dándole a Jesucristo el papel de gran maestro al mismo nivel que Buda, Mahoma, Zoroastro, etc. pero eliminando su divinidad.

7.- La ambigüedad masona que implica que no es posible conocer la verdad, frente a la revelación cristiana.

Son todos estos puntos más que suficientes para que en múltiples ocasiones, diversos Papas hayan condenado la masonería. El 24 de abril de 1738 (21 años después de la fundación de la Masonería) S.S. Clemente XII escribió "In Eminenti" la primera encíclica contra la Masonería. Desde entonces ha estado prohibido para los católicos entrar en la Masonería. Muchos han sido los sumos pontífices que se han pronunciado en contra de la masonería. Tal es el caso de S.S: León XIII quien dijera *"Lo primero que procuraréis hacer será arrancar a los masones sus máscaras para que sean conocidos tales cuales son"* (Encíclica Humanum Genus)" o el caso de S.S. Pio XII, quien manifestó expresamente *"raíces de la apostasía moderna el ateísmo científico, el materialismo dialéctico, el racionalismo, el laicismo y la masonería, madre común de todas ellas "*. La Iglesia Católica condena la masonería y si la masonería no quiere admitir que está en contra de la Iglesia Católica y pretende su destrucción, la Iglesia Católica no tiene empacho de ser firme en su postura de condenar a la masonería y a todos sus integrantes como enemigos de la Iglesia. El derecho canónico en su canon 2335 señala de manera textual " *"Los que dan su nombre a la secta masónica o a otras asociaciones del mismo género incurren en excomunión"*.

Sin embargo, La masonería siempre ha estado, está y estará en contra de la Iglesia Católica, es su adversario número uno. Jesucristo sabía, desde su propia fundación que su Iglesia sería atacada por los poderes del mal, por fuerzas obscuras que buscan su total disolución, pero también prometió, para consuelo nuestro, que dichos poderes jamás prevalecerían sobre ella. No obstante, esa batalla, entre el bien y el mal subsiste hasta el día de hoy, esos poderes obscuros y malignos están, más que nunca, infiltrados en todos los poderes de la tierra, incluida nuestra santa Iglesia, a través de personas que siguen y obedecen las ideas masónicas. El 10 de Abril del 2018, el Papa Francisco I, advirtió ante más de quinientos cincuenta misioneros que el diablo era el culpable de las divisiones dentro de Iglesia Católica.

La masonería y su relación con las revoluciones y otras guerras mundiales.- La verdadera filosofía masónica es el "humanismo secular", una ideología meramente humana que propone racionalismo y naturalismo. Según ella, la "naturaleza" está guiada por la razón y ésta llega por si sola a la verdad y consecuentemente, a una utopía de "libertad, igualdad y fraternidad".

A diferencia de lo que los masones aparentemente señalan en su propia constitución, no existe, por parte de esta corriente el más mínimo respeto por las instituciones de cada país, como ya se ha dicho, uno de los objetivos principales de la masonería es un nuevo orden mundial con un gobierno mundial. Ese objetivo no se podría alcanzar si se pretendiera respetar a los gobiernos de cada país y sus leyes. Muchos Estados hasta antes del siglo XVIII y XIX se encontraban sumamente unidos a la Iglesia Católica, desde su evangelización. Países enteros seguían rigurosa y fervientemente costumbres, tradiciones y doctrina Católica u ortodoxa, la autoridad eclesiástica era sumamente respetada y aunque no intervenía de manera directa en los asuntos de Estado sí se tomaba en cuenta su opinión. Los conceptos de moral, del bien y del mal estaban perfectamente definidos en la ley y en la sociedad. Sin embargo existía un malestar generalizado por algunas cuestiones de carácter laboral y por la gran brecha económica que existía entre ricos y pobres. En pocas palabras, países católicos, con reglas claras de lo que estaba bien y de lo que estaba mal pero con grandes diferencias sociales. Tal es el caso de Francia, España, Italia, México y Rusia. La masonería aprovechando esa grieta social planeó, organizó y ejecutó revoluciones y conflictos bélicos en todos estos países a fin de poner en el poder a masones distinguidos miembros de sus logias y cambiar las constituciones y leyes de cada país, según la conveniencia de sus propios principios ideológicos. Todas y cada una de las leyes que hoy atenta contra la vida y la familia como el aborto y la unión igualitaria entre parejas del mismo sexo, se debe a esas reformas que se fraguaron desde una revolución o conflicto armado que ellos mismos generaron. Por ejemplo, al triunfar la revolución bolchevique en la Rusia de 1917, se despenalizó y promovió el aborto libre y gratuito.

A continuación y con objeto de ilustrar al lector de cómo ha intervenido la masonería en todas las revoluciones y guerras más trascendentes en el mundo, me permito dar solo tres ejemplos de cómo la masonería genera, interviene y controla directamente dichos conflictos con el fin de buscar el poder y acomodar las leyes locales a su conveniencia.

Revolución francesa.- Fue un conflicto social y político iniciado en 1789. Antes de esa fecha Francia era una nación profundamente Católica; sin embargo a raíz de la revolución, todo cambió, El lema de la revolución francesa fue exactamente el lema principal de la masonería: libertad, igualdad y fraternidad. Obviamente esos conceptos no significan lo mismo para ellos los masones que para los franceses, pues los masones ven la libertad como oportunidad de libertinaje, de realizar todo cuanto sea necesario para obtener el control mundial, a la igualdad, la conciben como un concepto que pretenden vender como la oportunidad de que los pobres tengan las mismas oportunidades que los ricos, pero sin trabajar y sin prepararse. Todo esto, basándose en una falsa fraternidad, obviamente solo entre los que pertenecen a las logias, pues todos los demás serán considerados enemigos, obstáculos o instrumentos para obtener el tan mentado poder mundial.

La revolución francesa, como todas las revoluciones, emerge de un descontento y desigualdad social, donde no existía prácticamente la clase media y existía abuso de poder dentro de las autoridades monárquicas, un caldo de cultivo más que perfecto para que la masonería aprovechara esta situación y manipulara principalmente a la juventud, llena de ideales y les patrocinara de armas, recursos y hasta su propio lema masón. Con ello se aseguraban quitarle todo poder a la Iglesia Católica, enemigo principal en todas y cada una de las revoluciones. Se le quitaron todos sus bienes, posesiones y se pusieron en manos del gobierno revolucionario ganador. Todas las revoluciones fueron ganadas por los revolucionarios masones que abolieron al gobierno para obtener el poder y con ello, quitarle toda personalidad jurídica, propiedades y posesiones a la Iglesia Católica.

Datos que hacen evidente a la masonería detrás de la revolución francesa:

Existen hechos que por sí solos constituyen pruebas fehacientes de la participación de masones en la revolución de 1789.

1.- Durante la campaña electoral de los Estados Generales, en la primavera de ese mismo año, el abate y francmasón Joseph Sieyés escribió un panfleto titulado ¿Qué es el Tercer Estado? Allí sostenía que el pueblo, como Tercer Estado, era el único cuerpo legislativo electivo que tenía el derecho de gobernar Francia.

2.- Honoré Riqueti, francmasón y conde de Mirabeau, se convirtió en el principal orador del Tercer Estado. El conflicto entre los Estados Generales llevó a que el Tercer Estado se adjudicara el carácter de Asamblea Nacional. En París corría el rumor de que estaba preparando un golpe militar para disolver la naciente asamblea y arrestar a sus dirigentes. El pueblo de París y sus dirigentes masones respondió invadiendo los depósitos de armas de los inválidos y una vez que obtuvieron armas pequeñas, tomó la Bastilla el 14 de julio de ese mismo año. varios líderes de la revolución fueron miembros de la masonería. Las logias masónicas en Francia fueron las correas de transmisión de nuevas ideas, actuando como sociedades de pensamiento y aportando ideas, símbolos y recursos para su ejecución.

3.- El lema utilizado como estandarte durante la revolución francesa "Libertad, Igualdad, Fraternidad", es el lema principal de la masonería internacional e incorporada intencionalmente como frase de batalla durante ese conflicto francés.

4.- Los colores de la bandera republicana, azul, blanco y rojo, proceden de los tres tipos de logias incorporados por Lafayette, Militar y Héroe de guerra durante la revolución francesa e importante francmasón.

5.- El gorro frigio, símbolo de la república, es igualmente un símbolo masónico.

6.- El mismo himno de la revolución, "La Marsellesa", compuesto por el también francmasón Leconte de l'Isle, fue cantada por primera vez en la Logia de los Caballeros Francos de Strasburgo.

7.- Así mismo, todo el simbolismo griego que adoptan los revolucionarios, al igual que el deísmo naturalista de que hacen gala, puede encontrarse sin dificultad en las leyendas y temas masónicos.

Masonería mexicana. Sin duda alguna existe mucha influencia de la masonería en México, de hecho la participación de la masonería en la vida de México se gesta desde la propia independencia. Importantes figuras de aquella guerra sobresalen como líderes políticos y masones del rito escocés, como el emperador Agustín de Iturbide y Servando Teresa de Mier. Ya en la segunda mitad del siglo XIX, con toda la masonería mexicana trabajando por el control político del país nos encontramos a uno de los más grandes masones y enemigos de la Iglesia Católica, Benito Pablo Juárez García, quien apoyado de toda su logia crea las leyes de reforma que a la postre se establecerían como ley fundamental en la Constitución de 1857 (ver el capítulo referente al dinero de la Iglesia, páginas 12 y 13). Luego se atacó al gobierno de Porfirio Díaz, justo cuando México empezaba a despuntar en todos los aspectos tanto culturales, como económicos. A la masonería nunca le ha gustado la prosperidad de los países, si ello les quita el control del poder. Es por eso que justo en el año de 1910, cuando Francisco I. Madero, masón reconocido se proclama en contra del General Porfirio Díaz, se da origen a la misma revolución mexicana. Plutarco Elías calles, masón del grado 33 ideó, creo, público y ejecutó la famosa ley calles donde se prohíbe la libertad de culto, se ataca a todo el clero católico y se asesina a cientos de católicos y sacerdotes (ver capítulo referente al dinero de la Iglesia página 13 y 14) dando origen a la guerra cristera en 1926.

Revolución e independencia americana.- En estados Unidos la Revolución de las trece colonias y que culminara con la propia Independencia de ese país estuvo repleta de influencia masona. La gran mayoría de personajes que sirvieron para que se desarrollara esa guerra eran grandes maestros masones, John Adams, Benjamín Franklin, Thomas Jefferson y George Washington, fueron sin duda alguna, masones destacados en las logias norteamericanas. Los tres primeros fueron los encargados de diseñar el escudo y el sello oficial de la nueva nación, los cuales fueron dotados de muchísimos símbolos masones como la pirámide egipcia, el tercer ojo, la piedra angular, el número 13, así como la leyenda "novo ordo seculorum"

"(nuevo orden de los siglos o de las eras) objetivo final de la masonería. En otras palabras toda la nación norteamericana se fundó bajo el estricto control de la masonería.

En conclusión, debemos de entender que la masonería es una organización internacional ideada por Satanás y sus seguidores, cuyos objetivos principales son el poder absoluto en todo el mundo para prepararle el camino al príncipe de este mundo (Lucifer y su hijo el anticristo) través de un nuevo orden mundial, con un solo gobierno controlados por ellos mismos y la destrucción de la Iglesia Católica, a través de su religión "la new age" la cual se analizará en el capítulo siguiente.

CAPÍTULO TRECE

LA NEW AGE, EL YOGA EL REIKI Y SUS PELIGROS ANTE EL MUNDO

La "new age" o "nueva era" es uno de dos temas que he querido incorporar en este libro por una razón en especial. Nadie sabe lo que es, ni los peligros que trae consigo, muy pocas personas, incluso aquellas que practican alguna de sus técnicas conocen por completo el alcance y trascendencia de esa corriente de pensamiento, de ese movimiento cultural o de ese ritual mágico, cualquiera de esas tres cosas, son válidas para referirse a la "nueva era".

Trataré de explicar tres cuestiones principales. La primera, el explicar que es la "nueva era" y en que consiste, en segundo lugar la relación que tiene con distintas actividades que consideramos normales y beneficiosas y en tercer lugar cual es el peligro que se corre al practicar dichas actividades.

Sin embargo, es éste, sin duda alguna, el tema que más trabajo me ha costado abordar en el presente libro. La razón es que, a diferencia de los temas anteriores, que son temas muy concretos, éste resulta sumamente subjetivo, abstracto e indefinido, justo como es la "new age". No se puede dar una definición de lo que es la "nueva era" hasta no entender de donde surge. Obviamente daré la definición de lo que es la "new age"; pero más importante que una simple definición es explicar cómo nace, por qué se origina y para que surge.

La "nueva era" se origina como una corriente cultural que aparentemente busca dar respuesta a un vacío espiritual que todos tenemos por el simple hecho de ser humanos, de la sed que tenemos de Dios y del anhelo que tenemos de unirnos, como creados con nuestro creador.

Para este movimiento, a partir del tercer milenio, nos enfrentamos al final de una etapa histórica y temporal llamada la era de "Piscis" la cual ellos, la relacionan con el cristianismo y la religión y llega una nueva etapa, la "era de Acuario" que es de un sentido más astrológico y esotérico que religioso.

Un poco de historia. *"El New Age tiene sus raíces en la "Sociedad Teosófica" fundada en 1875 en New York por una rusa llamada Helena Blavatsky, básicamente espiritista, quien dice haber recibido sus enseñanzas de unos "seres espirituales especiales" o "maestros ascendidos".*

La " Sociedad Teosófica", se basa en la Teosofía, que es la creencia o pretensión de tener conocimiento místico directo de la "divinidad", sobre ésta y el mundo, mediante doctrinas y prácticas secretas, esotéricas, ocultistas. Blavatsky funda en 1875 la "Sociedad Teosófica" que es una mezcla de ocultismo y misticismo oriental (básicamente, lo que es hoy el "new age"). La sucede como presidenta Annie Besant, quien trató en 1929 de presentar un nuevo "mesías" al mundo: un hindú que rechazó el status que le asignó y se separó del movimiento. Pero es Alice Bailey, tercera presidenta de la sociedad, radicada también en Estados Unidos de Norte América y considerada la "suma sacerdotisa" de la "Sociedad Teosófica" quien funda el "Lucifer Trust" (confianza en Lucifer) y hoy existente bajo el nombre "Lucis Trust".[47] Como médium espiritista, decía recibir mensajes de un cierto maestro tibetano de sabiduría muerto.

En numerosos escritos de esta "Sociedad Teosófica" aparecen mensajes de un espíritu demoníaco que le dictaba en "escritura automática", es decir, en estado de trance mediúmnico, durante

---

47 *Una organización de servicios sin fines de lucro incorporada en los Estados Unidos en 1922 por Alice Bailey y su esposo Foster Bailey, para actuar como fideicomiso fiduciario para la publicación de veinticuatro libros de filosofía esotérica publicados bajo el nombre de Alice Bailey, y para financiar y administrar actividades relacionadas con el establecimiento de "relaciones humanas correctas". Estos incluyen la Escuela Arcana, una escuela de capacitación esotérica, World Goodwill, Triangles, una biblioteca de préstamos, la revista The Beacon, así como la editorial.*

el cual escribe la mano del médiumautomáticamente, sin que éste tenga control alguno de lo que se escribe. Estos escritos forman una especie de "Plan" al cual se le dio carácter de secreto entre los seguidores. Este "plan", que es el "Plan del new age", incluye un gobierno mundial y una sola religión mundial. El Plan del "new age" debía permanecer oculto hasta 1975, año en que sería sacado a la luz pública.

Relación de la New Age y la Masonería.- Helena Blavatsky se transforma en médium espiritista un poco antes de fundar la "Sociedad Teosófica". Es durante una estancia en París (1867-1870) que entra al grupo de un señor de nombre Allan Kardek, masón y codificador del Espiritismo. A su regreso a EE.UU. funda la "Sociedad Teosófica" en New York el 20 de noviembre de 1875, junto con otros masones: Charles Sotheran (uno de los jefes de la Masonería en E.E.U.U.), Henry Steele Olcott (masón), George Felt (de la Hermandad Hermética de Luxor, también masónica) y William Judge. En 1871, Albert Pike, gran maestro de una de las ramas de la Masonería, el Rito Escocés, escribe un libro básico de la filosofía masónica: " Morales y Dogmas de la Masonería".

Otra evidencia de la conexión de la Masonería y el "new age" es que el boletín que los masones distribuyen por todo el mundo a los "hermanos masones" se llama ¡¡¡»new age"!!! Hay constancia de que así se llama, al menos desde 1921, pero este nombre podría haberse usado con anterioridad a esta fecha.

Aparte de las evidencias históricas del origen y la relación de la "nueva era" con la Masonería, hay otra determinante: el Plan del "new age" coincide con los fines de la Masonería: una religión mundial y un gobierno mundial. Es decir: las metas del "new age" y las de la Masonería son las mismas.

Quizá por esto, el Papa León XIII, en 1884, en su Encíclica "Humanum Genus" dice lo siguiente: "Varias son las sectas que, aunque diferentes en nombres, ritos, forma y origen, al estar, sin embargo, asociadas entre sí por la unidad de intenciones y la identidad en sus principios fundamentales, concuerdan de hecho con la Masonería, que viene a ser como el punto de partida y el centro de referencia de todas ellas."

¿Cuál *es la relación entre la "Sociedad Teosófica" "nueva era" y el Misticismo Oriental?.-* *El espíritu diabólico que dicta a Alice Bailey, considerada como suma sacerdotisa, el Plan "new age" es tibetano. Pero la relación de la "Sociedad Teosófica" con el Oriente es anterior: en 1879 la fundadora del movimiento Helena Blavatsky y el masón Olcott viajan a la India, se instalan en Adyar, cerca de Madras y seis años después ella escribe su obra "Doctrina Secreta" en la que comienza a configurarse el "Plan del "new age".*

Ese es realmente el origen de la corriente de pensamiento de la nueva era, así es como se fraguó y escribieron los conceptos básicos de todo lo que hoy conocemos como new age.[48]

Gracias a este movimiento generado entre personas dedicadas al ocultismo y directamente apoyados por los principales masones de Estados Unidos, es como se origina y se difunde este movimiento o creencia espiritual.

Se ha planeado de manera precisa como ir separando al individuo de su unión con Dios, tal y como se explica, en el capítulo anterior, la masonería busca distraer al individuo de su Búsqueda de Dios y de su relación con éste, para tal efecto se concentra en que el hombre puede mental y espiritualmente alcanzar la perfección sin necesidad de Dios, de su Iglesia ni de los sacramentos. Pero no basta el hecho de decirlo y creerlo. Es por eso que la "new age" o "nueva era" surge como la religión que suple la religión Católica, más libre, más cómoda y mucho más tolerante. Es decir, la "nueva era" resulta ser la religión de la masonería.

---

48 *Tomado del texto de la revista abril, con el tema "orígenes e historia de la new age". Visible en el sitio http://www.arbil.org/(21)nera.htm*

Mássimo Introvigne, Director del Centro de Estudios de Nuevas Religiones de Roma define el cambio de mentalidad que se ha suscitado, desde la segunda mitad del siglo XX, de la siguiente manera:

1a. Etapa: Iglesia NO - Cristo SI: Etapa de penetración de las sectas de origen cristiano y en nuestros países, etapa de descrédito de la Iglesia y de los sacerdotes: "Yo creo en Cristo, pero no en los curas", fue un comentario que comenzó a difundirse y a oírse entonces, convirtiéndose casi en "slogan".

2a. Etapa: Cristo NO - Dios Sí: Etapa de invasión de la religiosidad oriental y de los Gurúes orientales hacia el occidente cristiano.

3a. Etapa: Dios NO - Religión SI: Etapa en que asuntos seculares se convierten en cuasi-religiosos. En política, el Marxismo; en la ciencia, el Freudismo y el comienzo de los movimientos del "desarrollo del potencial ilimitado del ser humano".

4a. Etapa: Religión NO - Sacralidad SI: Etapa de promoción de creencias y prácticas del ocultismo que se promueven como sagradas: es ya la Etapa de la "nueva era".

En 1976 se publica el bestseller "Juan Salvador Gaviota" de Richard Bach. Este fue el lanzamiento de la literatura "canalizada" por espíritus.[49] Este relato, aparentemente inocuo e idealista traía la semilla del "new age". Se vendieron en poco tiempo 25 millones de ejemplares. Posteriormente se publica "Las Enseñanzas del Don Juan" de Carlos Castañeda, el mayor exponente de la hechicería" contemporánea. Obras que se encuentran íntimamente relacionadas con los conceptos de la "nueva era".

---

49 La **canalización** espiritual es el proceso mediante el cual se quiere explicar el contacto del médium con los **espíritus**. Así, un médium sirve de canal a un **espíritu** para contactar con el mundo físico: el cuerpo del médium acoge al **espíritu** durante un breve periodo de tiempo para que este interactúe con el mundo físico.

Ahora bien, la aceptación tan grande que ha tenido el movimiento de la "nueva era" a través de todo el mundo se debe a que muchas personas, desde la década de los setentas, habían estado cansándose de la vida disipada y desordenada de aquella época y buscando llenar el vacío que les dejaba su rebeldía y reticencia por las instituciones ya establecidas, como la Iglesia por considerarla "autoritaria" la política, por corrupta y las médicas por inventar enfermedades y ser incapaces de curar otras, observaron, en la "nueva era" la corriente que llenaba esos vacíos otorgando la solución religiosa, política y médica en un Dios interior, en un "yo" interno, como lo único digno de confianza y de fe, es decir, buscan la respuesta, no afuera de su ser, sino adentro de sí mismos, como la respuesta final a su necesidad de Dios. Ante la falta de una necesidad de pertenecer a cualquier institución o grupo determinado, de ser parte de algo, cierta parte de la sociedad se ha ido inclinando a sacralizar su "yo".[50]

¿Entonces que es en sí la "nueva era"?.- Como una especie de resumen de lo expuesto hasta este punto podemos decir que la "nueva era" es una corriente popularizada por la creadora de la sociedad teosófica. La rusa Helena Blavatsky y su seguidora Alice Bailey, quienes experimentando con diversos espíritus obscuros hindúes recogieron distintas creencias y rituales ocultistas que más tarde occidentalizaron con ayuda de diversos masones y que popularizaron gracias a escritores como Richard Bach y Carlos Castañeda, quienes con sus obras plasmaron la creencia de lo que hoy conocemos como la "new age" o "nueva era". Se supone, según ese pensamiento, que el ser humano ha alcanzado a través del tiempo una plenitud de estado que lo hace capaz de alcanzar nuevos niveles de conciencia. Esto porque ya no estamos en la era de piscis (cristianismo) sino de acuario (esoterismo y cosmología) ese nuevo estado de plenitud se puede alcanzar alineándonos a las fuerzas que existen en el

---

50 Texto basado en la publicación del Consejo pontificio de la Cultura y para el Dialogo Interreligioso "Jesucristo Portados de Agua Viva" una reflexión sobre la "Nueva Era". Visible en el sitio web http://www.vatican.va/roman_curia/pontifical_councils/interelg/documents/rc_pc_interelg_doc_20030203_new-age_sp.html

universo y ocultas en distintos rituales antiguos, llenos de elementos esotéricos, místicos y orientales. La "nueva era" toma lo mejor de todos esos rituales y los actualiza a fin de que se obtengan mejores resultados que como consecuencia, nos liberará a nuevas dimensiones de conocimientoMitos y Realidades de la Iglesia Católica y salud. La "nueva era" deja atrás nuestro estado de racionalismo y de masculinidad para darle la bienvenida a una era de emoción y femineidad existente en todos los seres humanos. Estos rituales o técnicas de obtener "energías" son tan variados que pueden ir desde la música, la meditación o distintas formas de expresión como la "canalización". [51]

Para esta corriente de pensamiento, Dios, como lo conocemos los cristianos no existe, más bien es un conjunto de energías (chakras) que nosotros mismos podemos encontrar en siete niveles distintos y que se encuentran adheridos en todos los seres humanos alrededor de nuestra columna vertebral.

Elementos de la "nueva era".- este movimiento subjetivo, abstracto y esotérico es más un ejemplo de espiritismo que de espiritualidad, por la gran cantidad de elementos mágicos con los que cuenta y que considera esenciales para alcanzar ese grado de perfección individual. Por ejemplo:

1.- Utiliza a los "ángeles" como medios para obtener beneficios, según las preferencias personales, como aliados. Están ahí para que uno los elija libremente según las atracciones o necesidades de cada quien y según la situación. Hay que aclarar que no son los espíritus puros existentes de los que habla la Biblia y que fueron creados por Dios para su servicio, alabanza y contemplación, según las tres jerarquías de la teología Católica[52] No. Son espíritus y sobre todo "energías" independientes,

---

51 Posesión de un médium por medio de otro espíritu.

52 Según la Iglesia Católica son tres jerarquías de ángeles con tres niveles cada una. La primera conformada por querubines, serafines y tronos; la segunda por la dominaciones, virtudes y potestades y la tercera por los principados, arcángeles y ángeles

dotados de libertad para ayudar o perjudicar, en cuestiones de nuestra vida diaria. Esos "ángeles" o "energías" no son llamados por medios religiosos, a través de la oración, sino con distintas técnicas de masajes, posiciones corporales, o consumo de distintas sustancias, como ayuda para la relajación, para el mejor control denuestra vida personal o profesional o para la obtención de otros niveles de conciencia.

2.- Usa a "los "Místicos" que es la fusión de uno o varios espíritus con una persona concreta para enseñar algo. Son señalados como espíritus o energías existentes en la naturaleza y en el mundo interior. Para acceder a ellos hay que realizar determinados rituales o consumir determinadas sustancias.

3.- Usa la "canalización" que es la posesión de distintos espíritus o energías que habitan en la naturaleza a determinadas personas que pierden su voluntad y se limitan a realizar la voluntad o dar el mensaje del espíritu.

"Si algo está claro dentro de la cultura "new age" es que no se admite ninguna autoridad espiritual externa. Lo único que existe es la experiencia espiritual individual, personal e interior".[53]

En la "nueva era" existe un principio general, tal y como lo expresan muchas de sus corrientes como el "yoga" "el Jardín de Findhorn" y el "Feng Shui" ramas de pensamiento pertenecientes al "new age" que representan una diversidad de estilos y que ilustran la importancia de estar en sintonía con la naturaleza y el cosmos: En la *nueva era* no existe distinción entre el bien y el mal. Las acciones humanas son fruto de la iluminación o de la ignorancia. De aquí que no podamos condenar a nadie y que nadie tenga necesidad de perdón. Creer en la existencia del

---

53 Texto basado en la publicación del Consejo pontificio de la Cultura y para el Dialogo Interreligioso "Jesucristo Portados de Água Viva" una reflexión sobre la "Nueva Era" visible en el sitio web http://www.vatican.va/roman_curia/pontifical_councils/interelg/documents/rc_pc_interelg_ doc_20030203_new-age_sp.html

mal sólo puede crear negatividad y temor. La respuesta a la negatividad es el *amor*. Pero no del tipo de amor que se demuestra con acciones; es más una cuestión de actitud de la mente. El amor es energía, una vibración de alta frecuencia; el secreto de la felicidad y de la salud consiste en sintonizar con la gran cadena del ser y de encontrar nuestro propio lugar en ella. Los maestros y las terapias de la "nueva era" afirman ofrecer la clave para encontrar las correspondencias entre todos los elementos del universo, de modo que uno pueda modular la tonalidad de su vida y estar en armonía absoluta con los demás y con cuanto lo rodea.

Realidades de la nueva era.- Aparentemente, para la "new age" se puede mezclar varias culturas, creencias o pensamientos, sin dejar de ser parte de la "nueva era". Se puede ser cristiano y pertenecer a la "new age" al igual que seguir cualquier tipo de convicción, sin importar la contradicción que subyace por sí misma. Una especie de sincretismo (unión de dos culturas religiosas) tomando lo mejor de ambas creencias. Pero en esta unión es Dios quien queda reducido a una mínima expresión como una parte "opcional" en el progreso personal del individuo.

La "nueva era" llama a todas las personas que toman como valores sagrados la libertad, la autenticidad, la autosuficiencia y la comodidad.

Pero, lo más importante del pensamiento de la "nueva era" es que tiene como principio y finalidad obtener una espiritualidad que es totalmente diferente a lo que los católicos concebimos como espiritualidad. La "nueva era" busca sacar el mayor "provecho" de nosotros como individuos perfeccionando nuestras mentes y cuerpos, al punto de divinizar al ser humano en una especie de antropocentrismo y para ello busca la respuesta, a través de distintas técnicas para sintonizarse con el cosmos en una "frecuencia" adecuada para obtener el mejor de sus destinos. La espiritualidad Católica, en cambio voltea la mirada al exterior, al bienestar del prójimo, al más allá del universo, a la segunda venida de Jesucristo, a vivir, según sus enseñanzas y obtener la entrada al cielo, el cual excede por mucho a todos los universos.

La nueva era no tiene nada de nueva.- El pensamiento de un "yo" superior a todo y que, a través de distintas técnicas logra obtener poderes para superarlo todo, por medio de sí mismo no es para nada algo nuevo. Ya desde los primeros tiempos del cristianismo hubo distintas corrientes con ese tipo de pensamientos que se llamó: "gnosticismo" una corriente de pensamiento más espiritual que religioso y más espiritista que espiritual, que prometía, por medio de fórmulas místicas y eso-téricas[54] obtener "energías" necesarias y una sincronización con el universo mismo. En otras palabras obtener poderes energéticos para superarlo todo. A eso, tanto los gnósticos de entonces, como los de la "nueva era" de hoy le llaman: "cosmovisión".

Si parecen estar confundidos no los culpo, el entendimiento de este movimiento es de lo más abstracto que hay, sin embargo, este movimiento es muy concreto en algo: La "nueva era" declara un relativismo total (nada es totalmente bueno, ni totalmente malo) y rechaza todo lo enseñado por la Iglesia a través de los siglos, lo cual se propone como algo fantasioso.

Una de las características más importantes de todos los seguidores de la "nueva era" es el gusto por lo misterioso o eso-térico. Buscan constantemente rituales antiguos de todo tipo y de culturas, principalmente de origen celta y oriental. Todo lo que tenga que ver con los cuatro elementos de la naturaleza y llamamientos a seres de otras dimensiones o de otras galaxias es bien recibido; sin embargo, eso no se reconoce de manera abierta, por parte de la "nueva era", por el contrario constante-

---

54 Cosas misteriosas ocultas a la ciencia y a los sentidos reveladas solo a algunas personas.

mente niegan cualquier nexo, pues implicaría que de "nueva" no tiene nada.

¿Cuál es el peligro o lo malo del "new age"?.- En nuestro tiempo, la ciencia utiliza distintos tipos de descubrimientos relacionados con energías y vibraciones, caso específico de las radioterapias donde se emite una cantidad considerable de rayos gama o en las tomografías, ultrasonidos o rayos x, pero siempre amparado de experimentos avalados por estudios científicos. Sabemos cuáles son las energías que se utilizan, de donde provienen y cuales los sus funciones; En cambio, el pensamiento basado en energías cósmicas defendido por la "nueva era" impulsa a buscar una solución a nuestra salud, a nuestro estado mental o de ánimo en cuestiones que nada tienen que ver con la ciencia, sino con elementos oscuros, misteriosos, esotéricos y mágicos como los cuarzos, las gemas, los imanes, el péndulo (radiestesia), el reiki, chamanismos, curanderismos, el yoga, la cosmobioenergía, las sanaciones bioenergéticas con manos, o todo lo que prometa sanación o curación e involucre simbologías o simbolismos místicos cósmico-ocultistas con imposición energética de manos, ritualismos o adivinaciones. Esto es lo que vende y promete la "nueva era". Estas prácticas proceden de fuerzas obscuras y demoniacas, contrarias a Dios y van en contra de la creencia Católica y de los pilares de la religión Católica.

Resultaría sumamente confuso y extenso explicar cada una de las técnicas usadas por la "nueva era" para tratar de alcanzar la perfección del "yo" y más explicar cada uno de los elementos de cada técnica. Pero con el fin de ilustrar al lector con una idea más específica expondré dos de las princípiales técnicas usadas por el "new age" y utilizadas por millones de personas sin saber el peligro que conlleva: El yoga y el reiki.

Muchas personas son asiduas a practicar diversas actividades que resultan de lo más normales hoy en día, pero que, sin saberlo, están íntimamente relacionadas con la corriente de la "nueva era". Al practicarlas se corren graves riesgos. Riesgo de alejarnos de Dios totalmente por el simple hecho de creer que no lo necesitamos o bien de que no existe, riesgo de crear una nueva conciencia anteponiendo el "yo" como lo más importante, ante Dios y ante cualquier otra cosa. Riesgo de crearnos a nosotros mismos la ficción de que el mal o el bien no existen y que no hay consecuencias de nada o por nada y Riesgo de hacer uso de fuerzas y energías externas y esotéricas que no comprendemos y que pueden crear estados de conciencia, que nublen nuestra voluntad, nuestro entendimiento y comprensión real de las cosas. Tal es el caso del yoga o el reiki.[55]

Muchas personas, me han platicado que al sentirse cansadas, estresadas o deprimidas han acudido a este tipo de sesiones donde, casi de inmediato se han sentido completamente relajados, aliviados y con una profunda paz. Comentan que todo se maneja a base de posiciones, meditaciones, aromas y sustancias naturales para obtener todo tipo de energías positivas y alejar las negativas. Que entran en una especie de transe y pueden obtener una conciencia superior o extrasensorial que escapa a este mundo. Por tal motivo y ante la semejanza que tenían este tipo de sesiones con los rituales de los gnósticos del siglo primero o los druidas o magos de la edad media me permití realizar una investigación al respecto, también consulté lo que muchas personas, incluída la Iglesia Católica pensaba de ello y es la conclusión de esta investigación la que quiero plasmar de la manera más clara posible.

Yoga.- El yoga como tal se define como una doctrina filosófica hindú de los adeptos al brahmanismo[56] que se basa en

---

55 Terapias de relajación mediante el posicionamiento de las manos en distintas partes del cuerpo llamadas chakras.

56 El brahmanismo es una religión de transición entre la religión védica (terminada hacia el siglo VI a. C.) y la religión hinduista (que comenzó hacia el siglo III d. C.). Visible en el sitio web https://es.wikipedia.org/wiki/

las prácticas ascéticas,[57] el éxtasis, la contemplación y la inmovilidad absoluta, para llegar al estado de perfección espiritual y al estado beatífico. El camino del yoga avanza por ocho niveles que deben alcanzarse progresivamente.

El que practica el yoga trata de liberar la mente hacia la suprema luz (Dios, visualizado como una gran fuente de energía) y para ello tiene que realizar viajes a su interior, para encontrar los "chakras" que son siete "centros de energía inmensurable". Para poder realizar este viaje y "acceder" a estos chakras, es necesario trabajo mental (liberar la mente) y realizar determinadas posiciones corporales durante determinado tiempo. La posición más importante es la posición de "flor de loto" la cual fue descubierta en 1931, por el arqueólogo británico Sir John Marshall quien encontró un altorrelieve en la ciudad Mohenjo Daro, al Sur de Pakistán, en esa ciudad de la antigua cultura del valle del indo, cuyo nombre significa "montículo de la muerte" encontró una figura antropomorfa con cuernos, sentada con las piernas cruzadas en la famosa posición de loto. A esta deidad, de origen pagano e incluso demoniaco se le atribuye el tercer ojo, o tercer ojo de Shivá, con el cual quemó a kama "dios del amor" y que constituye el ojo de la sabiduría que ve más allá de lo evidente; a Shivá también se le relaciona con el kamasutra o antiguo texto hindú, que trata sobre el comportamiento sexual del hombre, la educación del placer erótico y los juegos sexuales. En otras palabras, la posición corporal más importante del yoga y la deidad que se busca es Shivá un demonio que derrotó al dios del Amor y que se concentra en el placer humano, principalmente el sexual.

Es decir, el yoga es una técnica que busca la conexión con la gran luz (Dios) a través de nosotros mismos, pues afirma que Dios no está afuera de nosotros sino adentro y por lo tanto hay que realizar un viaje a nuestro interior para encontrarlo

---

57 Doctrina filosófica y religiosa que busca purificar el espíritu por medio de la negación de los placeres materiales o abstinencia.

a través de los chakras que son la fuente de energía necesaria para encontrar a esa gran luz interna que comparan con Dios. Para ello, utilizan meditaciones y posturas corporales que están tomadas de deidades paganas y demoniacas.

Esto trae consigo tres grandes problemas. El primero es pensar, en el mejor de los casos, que Dios es solo un montón de energía y que se ubica dentro de nuestro ser, porque eso es negar toda existencia a Dios, como persona revelada por Él mismo. Dios lo es todo, son tres personas distintas que confluyen en un mismo Dios. Creer esto y al mismo tiempo acceder a las practicas del yoga es una completa contradicción, ya que si, como cristianos creemos en Dios, lo vamos a percibir como Él mismo quiso ser percibido, como un Padre de la creación, como un Hijo de Dios, hermano de nosotros y Redentor del mundo y como el espíritu de Dios, que es todo amor. En segundo lugar, porque el hecho de percibirlo como simple energía existente en nuestro yo interior nos aleja de acercarnos a Él como Él mismo nos enseñó, a través de la oración, de la lectura de la palabra de Dios, pero sobre todo de los sacramentos, en especial de la confesión y la comunión. El tercer problema es el más grave, pues al buscar una deidad adentro de nuestro ser y utilizar posiciones y energías desconocidas podemos encontrar espíritus que de ninguna manera serán Dios, sino espíritus apartados de Él. Entes que al no ser parte del reino de Dios, son necesariamente parte del mundo de las tinieblas. Espíritus malignos que al realizar los rituales o posiciones que propone el yoga, se les invoca para entrar en nuestro ser.

Ahora bien, el simple hecho de que utilizando estas técnicas logremos una aparente paz interior, nos aleja necesariamente de los síntomas que nos hace acudir a Dios, al confesionario, de sentir la mortificación, la vergüenza de haber pecado y las ganas de reconciliarnos con nuestro Señor, por esos motivos, por esos estados de ánimo es que acudimos con el sacerdote a confesarnos y a recibir a Dios en la hostia convertida en Cuerpo y Sangre de Cristo. Es a través de esos sacramentos, de la oración con Dios y de leer su palabra como debemos obtener la verdadera paz, cualquier otro medio es de origen pagano y ocultista, como ya he dicho, es buscar en otros entes, espíritus y energías algo que solo Dios nos puede dar a través de los propios medios que Él nos dio. Hacer lo contrario significa necesariamente darle la espalda a Él y decirle no te necesito para alcanzar la paz interior, soy yo y nada más yo, quien puedo darme paz a mí mismo, sin necesidad de ti y eso es renunciar a Dios, a Jesucristo y a su doctrina.

Reiki.- Caso idéntico ocurre con la terapia de reiki, que es según su definición una forma de medicina alternativa desarrollada en 1922 por el budista japonés Mikao Usui, desde su origen en Japón, ha sido adaptada en varias tradiciones culturales a nivel mundial. Sus practicantes creen que a través de una técnica llamada *"imposición de manos"* o *"toque terapéutico"* se transfiere desde las palmas una "energía universal" (*reiki*) hacia el paciente con el fin de promover la curación emocional y física.

Es sin duda un medio por el cual se busca la curación o estabilidad corporal buscando en energías alternativas a la medicina convencional.

En muchas ocasiones se puede observar en el consultorio del "terapeuta" diversos símbolos cristianos, como ángeles, santos o hasta vírgenes dando la impresión que es a ellos a quien se pide ayuda y la "energía" necesaria para la curación, pero no es así, el reiki promueve y busca energías obscuras, desconocidas y mágicas con el propósito de sanar sin explicar a qué espíritus o "energías" como ellos los llaman, se les invoca para sanar. El que "cura" solicita ayuda a esos espíritus que muchas ocasiones los llaman ángeles, sin serlo, pues si bien es cierto pueden ser espíritus, también lo es que no son los espíritus de luz creados al servicio de Dios, pues a ellos, como ya se ha explicado se les llama por medio de la oración y no de "imposiciones de manos" o "alineaciones de frecuencia" o utilizando distintos tipos de piedras. Esas fuerzas oscuras a las que el "terapeuta" invoca son espíritus o energías negativas y desconocidas y que pueden ser de origen maligno y diabólico. Por tanto al someternos a las terapias de reiki y a sus rituales volvemos a darle la espalda a Dios y a buscar, fuera de Él, otras soluciones que no están dentro del campo de la ciencia médica ni respaldada por la doctrina Católica.

¿En que contraviene la ley de Dios, la práctica de técnicas como el yoga o el reiki? Dios fue muy claro al enseñarnos como debemos buscar la unión con Él, instituyó los sacramentos y la Iglesia constituyó la liturgia, entonces todo lo que vaya en busca de Dios fuera de ese camino va en contra de sus mismas enseñanzas, es tanto como decir que Dios se equivocó al decirnos como acceder a Él. Resulta muy semejante al pecado realizado por Adán y Eva cuando sabiendo que era lo que no debían hacer fue exactamente lo que hicieron pensando que Dios los engañaba y que había una forma mejor de acceder al conocimiento de Dios. Pues lo mismo pasa con la "nueva era" se piensa que hay un camino mejor para acceder a Dios a través de esos rituales y que si no los dio a conocer Jesucristo fue porque o no es Dios o porque no quiso decirlo, engañando a la humanidad, cualquiera de esas dos ideas es una blasfemia, es ir en contra de Dios mismo.

Una parte muy importante es advertir que no está libre de peligro el que por ignorancia accede a esas técnicas impulsadas por la "nueva era" pues el hecho de que se ignoren los peligros que se corren al practicar el yoga, el reiki o cualquiera de las técnicas empleadas por la "nueva era" no los priva de esos mismos peligros. Corre el mismo riesgo quien prende un cigarro en medio de un polvorín, sepa o no, sobre la existencia de pólvora en ese lugar.

Sin embargo, no solo es un conocimiento tácito el que nos prohíbe el uso de técnicas ocultistas y esotéricas empleadas por el "new age" y la creencia en si misma de que usando esas técnicas podemos encontrar a Dios como un montón de energía adentro de muestro propio ser, la Biblia y el Catecismo de la Iglesia Católica confirman esta negativa de manera expresa.

La Biblia prohíbe de manera expresa toda práctica de rituales esotéricos, ocultistas, espiritistas o mágicos. Dios nos ha dado el camino para seguirlo y como ya he dicho cualquier otro camino no lleva a Él. *"yo soy el camino la verdad y la vida"* (Jn. 14, 6) cualquier otro camino no es la verdad, ni la vida y por lo tanto tampoco es Dios.

Hay en nuestro libro sagrado, que es palabra de Dios, otras disposiciones que prohíben este uso de rituales o técnicas. Analicemos a continuación, solo las principales:Libro de Deuteronomio, capítulo 18,10-12: *"Que no haya en medio de ti nadie que haga pasar a su hijo o a su hija por el fuego; que nadie practique encantamientos o consulte a los astros; que no haya brujos ni hechiceros; que no se halle a nadie que se dedique a supersticiones o consulte los espíritus; que no se halle ningún adivino o quien pregunte a los muertos. Porque Yavé aborrece a los que se dedican a todo esto, y los expulsa delante de ti a causa de estas abominaciones".*

Libro del profeta Jeremías, capítulo 29, 8: *"No se dejen engañar por los profetas, ni por los adivinos que hay entre ustedes, ni crean en sus sueños, fruto de su imaginación. Porque sin que yo los haya mandado se aprovechan de mi nombre para profetizar"*

Libro del Apocalipsis, capítulo 22, 15: Fuera los perros, los hechiceros, los impuros, los asesinos, los idólatras y todos los que aman y practican la mentira.

En un contexto general, La Biblia explica que, mucho antes de crear la Tierra, Dios creó a millones de seres espirituales o ángeles (Job. 38, 4-7; Apocalipsis 5, 11). A cada uno de ellos le dio libre albedrío, es decir, la capacidad de escoger entre lo bueno y lo malo. Algunos escogieron rebelarse contra Dios y abandonaron su puesto en los cielos para causar problemas en la Tierra. Como consecuencia, nuestro planeta "se llenó de violencia" (Gen. 6, 2-11; Judas 6). Esos ángeles todavía ejercen una poderosa influencia y confunden a millones de personas (Apocalipsis 12, 9). Hasta se aprovechan de la curiosidad innata del ser humano por conocer el futuro (1 Sam. 28, 5-7; 1 Tim. 4, 1). Es cierto, algunos poderes sobrenaturales parecen buenos (2 Corintios 11,14). Pero en realidad, lo que los ángeles malvados quieren es engañar a la gente para que no conozca la verdad sobre Dios (2 Corintios 4,4). Según la Biblia, la comunicación con esos espíritus malvados no es una diversión inofensiva. Esto explica la decisión que tomaron unas personas que querían ser discípulos de Jesús cuando aprendieron la verdad sobre estas prácticas: "*Un buen número de los que habían practicado artes mágicas juntaron sus libros y los quemaron delante de todos, aunque eso supuso una gran pérdida económica*" (Hech. 19, 19).

El catecismo de la Iglesia Católica es explícito al condenar todas estas prácticas según se establece en sus cánones 2116 y 2117 y que de manera textual dicen:

Canon 2116.- "*Todas las formas de adivinación deben rechazarse: el recurso a Satán o a los demonios, la evocación de los muertos, y otras prácticas que equivocadamente se supone "desvelan" el porvenir (cf Dt 18, 10; Jr 29, 8). La consulta de horóscopos, la astrología, la quiromancia, la interpretación de presagios y de suertes, los fenómenos de visión, el recurso a "mediums" encierran una voluntad de poder sobre el tiempo, la historia y, finalmente, los hombres, a la vez que un deseo de granjearse la protección de poderes ocultos. Están en contradicción con el honor y el respeto, mezclados de temor amoroso, que debemos solamente a Dios.*"

Canon 2117.- *"Todas las prácticas de magia o de hechicería mediante las que se pretende domesticar potencias ocultas para ponerlas a su servicio y obtener un poder sobrenatural sobre el prójimo —aunque sea para procurar la salud—, son gravemente contrarias a la virtud de la religión. Estas prácticas son más condenables aun cuando van acompañadas de una intención de dañar a otro, recurran o no a la intervención de los demonios. Llevar amuletos es también reprensible. El espiritismo implica con frecuencia prácticas adivinatorias o mágicas. Por eso la Iglesia advierte a los fieles que se guarden de él. El recurso a las medicinas llamadas tradicionales no legitimas ni la invocación de las potencias malignas, ni la explotación de la credulidad del prójimo".*

En resumen, la Biblia habla, de manera expresa, de cómo Dios quiere que nos conectemos con Él, a través de los sacramentos de la lectura de su palabra, de la oración y del ayuno, cualquier otro medio que nosotros consideremos está prohibido por la ley de Dios, esos caminos que se relacionan con el deseo y la curiosidad de obtener ciertos poderes energéticos, salud y obtener más información de la que nos es revelada, como la adivinación de acontecimientos futuros están sujetos a la ayuda que se pida a diversos entes energéticos llamados "ángeles" "chakras" o "espíritus" que no son seres puros, al servicio de Dios, son entes oscuros, desconocidos y peligrosos y es precisamente por eso que están expresamente prohibidos por Dios, tanto en el antiguo como el nuevo testamento. Esa ayuda para llegar a un estado de conocimiento y revelación proveniente de dichos entes aleja al individuo de la presencia de Dios.

Es por eso, que no solo el yoga o el reiki o las actividades inherentes al "new age" son actividades peligrosas y prohibidas por la Iglesia Católica, sino toda conducta que tenga como objetivo saber o conocer más cosas de manera sobrenatural. Llámese lecturas de cartas, lectura de café o simple adivinación por astrología. Todas ellas son consideradas faltas graves y pecado mortal, mismos que deberán de confesarse ante el sacerdote.

La falta de fe en la oración.- Muchas de las personas que recurren a la práctica de las distintas técnicas implementadas por la "new age" lo hacen porque atraviesan, en su vida, por momentos difíciles, llenos de preocupaciones e incertidumbre, esos, son momentos de prueba, que Dios pone en nuestro camino para probar nuestra fe y para acercarnos a Él. Cuando corregimos a un hijo con un regaño, una nalgada o un castigo, no es por el gusto de causarle algún daño o dolor, lo hacemos con el único propósito de que enderece su camino para su propio bien, para que sean buenas personas y sepan diferenciar entre el bien y el mal actuar. Lo mismo pasa con los problemas o momentos difíciles que enfrentamos a lo largo de nuestra vida terrenal, Dios sabe en su infinita sabiduría que es lo que necesitamos que nos pase para enderezar nuestro camino, para corregir el sendero y poder llegar a Él; esos males, por los que atravesamos son un avisode que hay que acercarnos a Dios y la mejor forma es orando, rezando, platicar con Él, ponerle nuestros problemas enfrente, entregarle nuestras preocupaciones y dejarnos llevar por su voluntad. Él, como cualquier padre amoroso no nos va a desamparar y jamás nos va a abandonar.

Pero todas esas personas que recurren al yoga, al reiki y cualquier otra técnica "new age" lo hacen porque no tienen la confianza de que la oración es el arma más poderosa que existe para resolver todo problema aquí en la tierra y hasta fuera de ella. Esas personas no creen que la comunicación con Dios, a través de la oración puede resolver todos y cada uno de nuestros males de la mejor manera para nosotros. Si rezamos por la curación de un ser querido y éste muere, no quiere decir que Dios no escucho nuestra oración, lo que quiere decir es que Dios, en su infinita sabiduría sabe que eso era lo mejor para nuestro ser amado, para nosotros y para todo el mundo, solo que nosotros, como seres limitados e imperfectos no alcanzamos a ver los planes perfectos de Dios y por eso no entendemos sus decisiones, no nos explicamos las muertes y desgracias que pasan a diario. Bueno, pues no necesitamos entenderlas. Somos infinitamente inferiores a Dios en inteligencia y no podemos pretender entender sus decisiones pues tendríamos que ser Dios para ello. Lo único que podemos hacer es refugiarnos en sus brazos y confiar que será lo mejor que puede ser. Debemos entender que la oración a Dios, tal y como el mismo nos lo enseñó, es el instrumento único e indispensable para comunicarnos con Él, Jesús mismo lo hizo en el momento más doloroso de su vida, de más duda y preocupación, Él, ora con su padre y le pide apartar de Él, ese cáliz, pero al mismo tiempo se pone en sus manos y accede a que no se haga su voluntad, sino la del Padre (Mt. 26,42).

Por eso, no debemos de perder la fe en la oración, esa desconfianza de no poder hablar directamente con Dios y de que Él nos escucha, hace que la gente recurra a prácticas obscuras buscando en lugares misteriosos y peligrosos lo que podemos encontrar en cada templo, en una Misa, en una visita al Santísimo y en un momento de oración.

Para concluir este tema y reforzar el plan divino de Dios me gustaría plasmar lo que santo Tomás dijera en su suma teológica respecto a los males individuales, en relación con los planes universales de Dios:

"Es tal el soberano poder de Dios, que utiliza el mal particular subordinándolo a un fin más elevado, para que contribuya al bien universal. Luego, no hay acción de las criaturas que no esté maravillosamente dispuesta a cooperar, bajo la dirección suprema de Dios, al bien del universo. Si algo parece perjudicial o dislocado en un plano subalterno, tiene siempre razón suficiente, sapientísima y profundísima, considerando desde un punto de mira superior. El hombre no puede, en este mundo abarcar y comprender la maravillosa grandeza y armonía del plan divino, pues necesitaría conocer a todas las criaturas y además los indescifrables secretos del plan divino.

CAPÍTULO CATORCE

HAGAMOS APOLOGÉTICA

Yo, como, probablemente muchos de los que leen este libro fui una persona inconsciente de mi religión y de la importancia que ésta, tiene en nuestra vida. Al igual que muchos de ustedes fui una persona a la que solo le preocupaba el aspecto profesional y económico, así como el bienestar personal y el de su familia. Poco importaban los aspectos religiosos fuera de los compromisos sociales, si iba a Misa era por costumbre y sólo de vez en cuando, si acudía a la confesión era solo porque se acercaba un evento, al que por necesidad tendría que comulgar y no quería hacerlo en pecado mortal, pero nunca con el firme propósito de mejorar y no volver a cometer la falta cometida. Me dedicaba a esforzarme en mi trabajo como abogado anteponiendo el éxito a la justicia. Lejos habían quedado los tiempos en que mi madre me había enseñado e inculcado los principios de la religión y sobre todo el amor a Dios, a la Virgen y a todos los santos.

Fui consciente de mi ignorancia como católico cuando visité la ciudad de Jerusalén. En el año 2011 había podido organizar un viaje para cuatro personas por toda tierra santa. La idea no había sido mía. Era un viaje que mi madre había tenido muchas ganas de realizar a lo largo de su vida, sin embargo nunca se le había presentado la oportunidad. En ese entonces mi madre ya contaba con setenta y cinco años de edad y no era un viaje que ella pudiera o quisiera realizar por sí sola. Con el afán de retribuir en algo lo mucho que ella había hecho por mí y al mismo tiempo de poder disfrutar de unas buenas vacaciones, me di a la tarea de organizar esa travesía. Un viaje que mi esposa Lucía y yo, aprovechando que no éramos padres aún, realizaríamos en compañía de nuestras respectivas madres y que nos llevaría a conocer los lugares más representativos de la vida terrenal de Jesús, su nacimiento, su Evangelización, Pasión, Muerte y Resurrección.

Era un viaje que también me brindaba la oportunidad de acercarme más a mi religión, desde hace ya algún tiempo, cansado de mi forma de vida y del vacío espiritual que generaba mi manera de vivirla había empezado a rezar el Rosario con mi mujer, íbamos los domingos a Misa y veíamos un programa de televisión sobre apologética, en el canal de María Visión. Un programa donde cada semana el conductor Rafael de Piña exponía de manera muy clara un tema específico sobre la religión. Este viaje pues, representaba la oportunidad de conocer más de cerca la vida de Jesús y los lugares que recorrió.

Desde nuestra llegada a Jerusalén pudimos observar una ciudad de ciento veinticinco kilómetros cuadrados, con más de ochocientos mil habitantes, moderna y con todos los avances tecnológicos de la época, pero al llegar a su parte antigua, todo fue distinto, la parte oriental de esa ciudad es totalmente diferente de lo que había leído, era viajar literalmente al pasado, a la época de Jesús y su paso por la tierra, nada de lo que había estudiado previo a mi viaje podía siquiera, darme una idea sobre aquellos territorios donde se mezclan aromas, culturas, religiones y lugares sagrados. Realidad y belleza donde se observan, igualmente a personas con atuendos modernos al igual que con vestiduras de hace cientos o miles de años. El mercado de Jerusalén pletórico de multitudes vendiendo infinidad de productos, desde hogazas de pan, vino y artículos religiosos, hasta telas y cuchillos tradicionales de aquella región. Miles de personas de religión cristiana, judía e islámica deambulando por el mercado y cada una de ellas comportándose de manera distinta. Los judíos e islámicos, se mostraban orgullosos de su fe, al llegar a un lugar sagrado. Tanto los judíos como los islámicos proclamaban la palabra de Yahvé y Alá con un amplio conocimiento de sus credos y liturgias. Todos los judíos recitaban a la perfección la Torá y rezaban en el muro occidental[58] con múltiples movimientos oscilatorios en señal de profundo

---

58 Comúnmente llamado muro de los lamentos y único vestigio del templo sagrado de Jerusalén.

respeto y adoración, mientras que los Islámicos rezaban con total devoción el Corán, en cada una de las mezquitas de la ciudad. Una vez, al ir caminando en busca de una farmacia para conseguir analgésicos para mi esposa, que tenía un fuerte dolor de muela, fui testigo de cómo los musulmanes islámicos dejaban todo a plena calle e incluso a mitad de la banqueta y se disponían a postrarse sobre su alfombra de oración para su salat de *"maghrip"* (oración de la puesta del sol) pues los altoparlantes de la ciudad indicaban con cánticos la aproximación de ese singular momento.

El caso de los católicos laicos fue totalmente distinto, la gran mayoría eran personas que se preocupaban más por comprar que por rezar, les preocupaba más el poder tomar una foto del santo sepulcro que arrodillarse y orar ante la tumba de nuestro Señor Jesucristo agradeciéndole su enorme sacrificio por la humanidad. Conforme iba avanzando el "tour" me percataba que nuestra guía, una amable mujer argentina de religión judía conocía mejor el Nuevo testamento que todos en el grupo (todos menos mi madre). Para la gran mayoría de las personas que integrábamos el "tour" el llegar a un lugar sagrado era más una oportunidad de conocer y descubrir algún hecho sobre Jesús, que el visitar ese lugar ya sabiendo lo que previamente había pasado en él. Contantemente Claudia, la guía nos hacía preguntas muy simples, sobre la vida de Jesús que nadie excepto mi madre podía responder y menos si se trataba de alguna cita bíblica. Fue en ese momento donde al verme descubierto como uno de tantos millones de católicos ignorantes y no practicantes de nuestra religión me avergoncé, no de ser católico, sino del desconocimiento que yo mismo tenía de mi propia religión. Religión que sin duda alguna estaba seguro, como lo estoy ahora que es la única y verdadera fundada por Dios. Desde ese día me propuse no ser más el clásico ignorante católico que va por la vida creyéndole más al protestante, judío, masón o new age, que al propio sacerdote. Me decidí a estudiar esos temas tan constantemente utilizados como armas en contra de mi religión y de la Iglesia Católica. Descubriría que tanto había de verdad y de mentira en cada uno de ellos.

Desde mi regreso de tierra santa yo sentía que algo en mi había cambiado, recordaba mis sentimientos al visitar el Cenáculo donde Jesús había realizado la primera Eucaristía, al orar en la piedra de la agonía en Getsemaní y al meditar sobre la pasión de Cristo en el Santo sepulcro. Muchos son los lugares, momentos y sentimientos que experimenté en ese viaje que deben de ser reprimidos en este libro por la promesa constante de no explayarme en cada tema, solamente esperanzado de que el lector los viva de manera personal, si es que no los ha vivido aún. Sin embargo, puedo decir que regresé totalmente renovado y hambriento por conocer a fondo nuestra religión e historia Católica.

En ese entonces se encontraba convaleciente Fray Octavio de la Cruz. Un sacerdote amigo de la familia quien se encontraba recuperándose de una enfermedad larga y dolorosa, en la ciudad de Guadalajara, Jalisco. Había conocido a mi madre cuarenta años atrás, cuando, él terminaba sus estudios de medicina en la Universidad Autónoma de Guadalajara. Mi madre había solicitado un sacerdote que dirigiera los retiros espirituales que organizaba la escuela primaria Antonio Caso, donde ella impartía clases de religión y preparaba a los niños para su primera comunión. Ahí conoció a Fray Octavio iniciando una amistad larga y entrañable.

Poco tiempo después de mi regreso de Jerusalén, al visitar al franciscano, en el lugar de su convalecencia, le participé mi inquietud por estudiar más a fondo mi religión y fue así como me recomendó un libro que yo había visto muchas veces en el librero de la casa paterna pero que nunca le había prestado la debida atención. - ¿Por qué no lees "la religión demostrada del padre P. A. Hillaire"? Creo que es un buen camino por dónde empezar- me comentó. Ese fue el primero de muchos libros que empezaron a caer en mis manos, comencé a leer y analizar, poco a poco me di cuenta que cada uno de esos cuestionamientos con los que atacaban a la Iglesia Católica podían ser contestados con relativa facilidad, que no había ningún ataque en la actualidad que no se hubiese dado en la antigüedad y que se haya contestado de manera amplia, clara e incuestionable, me di cuenta de cómo la Iglesia fundada por Cristo ha sido atacada permanentemente a lo largo de la historia y me dio mucho gusto saber que habían existido personas brillantes a lo largo de esa misma historia que habían defendido la Iglesia y todos sus principios de todos los ataques realizados por sus enemigos, siempre habían existido esos defensores desde los primeros siglos, personas como san Ignacio de Antioquía, san Ambrosio de Milán, san Agustín de Hipona, san Gregorio Magno, san Atanasio de Alejandría, san Juan Crisóstomo, santo Tomás de Aquino y muchos más que gracias al Espíritu Santo y utilizando sus mentes brillantes pudieron defender y salir victoriosos de cada uno de los puntos donde se atacó la Iglesia.

Muchas han sido las conversaciones que he tenido desde entonces con el fraile amigo, charlas que me han servido más para preguntar y aprender que para opinar. Hemos compartido información valiosa que han proporcionado historiadores y teólogos importantes de nuestra época como el doctor Scott Hahnn, un apologeta y convertido protestante de quien cada vez que leo alguno de sus libros, no importa cuántas veces lo lea, siempre aprendo algo nuevo.

Esa ha sido mi historia desde entonces. Me aparté más del litigio y me acerqué más a Dios, cada reunión, cada verbena o celebración aprovecho para preguntarle a familiares y amigos que opinan de tal o cual tema, cuales son su inquietudes o dudas de la religión y de la Iglesia Católica. Sin duda alguna, esa, ha sido una fuente valiosa de donde he podido extraer ideas para escribir este libro. Trato de explicar las razones de nuestra fe, de hacer apologética, aunque he de confesar que en ocasiones, le gana el ímpetu a la elocuencia.

Me doy cuenta que si yo puedo dar razones de mi fe, sin grandes estudios o una formación teológica ortodoxa, puede y debe hacerlo cualquier persona. El dar explicaciones de nuestras creencias, el defender a nuestra religión de los ataques que constantemente se realizan sobre ella no es una labor privativa de las grandes mentes y grandes santos de la historia. Es una obligación para cada uno de los que nos decimos católicos. La primera, es investigar, conocer y practicar nuestra religión y la segunda desde luego es dar testimonio de lo aprendido llevando la palabra de Dios y dando razón de nuestra fe a cada una de las personas a nuestro alrededor (Mc. 16, 15-18) y (1ª Pe. 3.15).

Una anécdota para reflexionar.- En alguna ocasión, un amigo católico me comentó que su novia, una mujer con la que ya vivía en unión libre y con la que pensaba casarse le había confesado que era testigo de Jehová. No era una practicante asidua a esa secta, ni mucho menos, pero su madre, una mujer muy inmiscuida en esa creencia era una mujer intolerante a cualquier otra religión y más a la católica, como todo testigo de Jehová. Mi amigo me preguntó si había o no impedimento para casarse con una persona de otra religión. Yo le comenté que sin duda alguna existían matrimonios llamados mixtos dentro de la religión Católica pero como condición esencial se exigía que ambos contrayentes estuviesen bautizados y que se comprometieran al bautismo de los hijos que se procreasen. Sin embargo, al ser su novia una persona no muy cercana a la secta de los testigos de Jehová, le propuse organizar una cena de parejas con el fin de platicar con ella y ver si existía alguna posibilidad de convencerla de abrazar, la fe cristiana como suya. El plan era simple invitar a dos parejas más, además de nosotros cuatro. Dos amigos míos que tuvieran los cimientos básicos que todo buen católico debe tener y que me servirían de apoyo ante esa empresa evangelizadora. Para tal efecto me serví de dos buenos amigos que sin duda alguna habían tenido excelente educación por parte de sus padres, que acudían a Misa todos los domingos, casados con mujeres Católicas y practicantes de la religión. En cierta medida me sentía bastante cobijado y estaba seguro que todo saldría bien.

La noche de la cena llegó. Departimos alegremente en compañía de unas copas de vino platicando de varios temas triviales y llegado el momentolos invité a pasar al comedor para degustar de la cena que mi esposa había tenido a bien preparar para las cuatro parejas protagonistas de la velada. Ahí, sirviéndose apenas el entremés dirigí, con toda intención una oración de agradecimiento a Dios por los alimentos recibidos. El anzuelo había sido lanzado y mordido por la novia de mi amigo, inmediatamente después de la bendición se dirigió a mí, diciendo que ella no creía en Dios como los católicos, que ella no creía que Jesucristo fuese Dios y que tampoco creía en la existencia del cielo ni del Infierno. Procuré tomarlo con la calma que la situación ameritaba, tomé un buen trago de vino y le pregunté que si tenía alguna religión, me dijo que no, no estaba interesada en ninguna, aunque su madre ciertamente era testigo de Jehová constantemente tenía serias discusiones con ella, por causa de este tema. Empecé por preguntarle si sabía en que creíamos los católicos, luego le fui explicando algunos de los misterios de nuestra fe como la Santísima Trinidad, la infinita misericordia de Dios y la necesidad de cumplir con los sacramentos instituidos por Jesucristo, en su paso por la Tierra para poder obtener la gracia de Dios y poder ir ante su presencia cuando nuestra vida física acabe y que a eso es a lo que llamamos Paraíso. Me escuchaba, pero cada vez que podía me interrumpía de forma retadora diciendo que todo lo que yo decía eran puras mentiras. Ella no argumentaba nada, no daba un solo sustento a sus negativas simplemente se limitaba a negar con la cabeza y sus labios, todo lo que de mi boca salía.

El pacto, entre mi amigo y yo había sido que no presionara mucho en el tema de la religión para que ella misma no se sintiera agobiada y la cena fuera a resultar contraproducente, por tal motivo decidí cambiar el tema pero ella no quería hacerlo, atacó directamente columnas centrales de la religión Católica, como la virginidad de María, la divinidad de Jesús y la existencia del cielo y el infierno. Yo no quería volverme el enemigo de la novia de mi amigo, sabía que Independientemente de sus creencias tenían planes de boda y no era mi intención enemistarme con ella. Volteé a ver a mis dos amigos a quienes habían invitado con el objeto de no ser yo la única persona que hablara en favor de la Iglesia Católica pero fue inútil estaban más callados que el cerdo que engullían, no sabían cómo contestar a ninguno de los cuestionamientos realizados por una mujer que ni siquiera se consideraba testigo de Jehová, que no tenía preparación alguna en religión y que realizaba cuestionamientos obvios sobre conceptos básicos de la religión Católica (muchos de los que se tratan en este libro). La novia de mi amigo concluyó la lluvia de ataques haciéndome un cuestionamiento tan sincero como mortal. -

¿Cómo voy a creer todo lo que tú me dices, si mi novio que se dice católico y dice creer en todo lo que tú dices, no me puede explicar por qué lo cree, únicamente dice creer en ello porque así se lo han enseñado. Pero sobre todo,

¿cómo puedo creer en lo que tú me dices cuando mi novio siendo católico, se comporta de una manera que contradice toda tu religión? nunca va a Misa, jamás se confiesa, jamás comulga ni se arrepiente de los pecados que comete, cada día comete los mismos pecados sin propósito de mejorar, prueba de ello es que al día de hoy vivimos como casados cuando no lo estamos.- La verdad es que me dejó sin palabras, yo podía refutar muchos temas en el plano de la doctrina Católica, pudiese debatir sobre la existencia de Dios, la Virginidad de María o la divinidad de Jesús, pero no tenía una sola palabra para defender el comportamiento incongruente de mi amigo, yo mismo había sido como él, gran parte de mi vida ¿cómo pretender hacer creer algo a alguien? ¿Cómo convencer a alguien de lo que creemos con toda el alma, si nos comportamos exactamente al revés de como deberíamos ser? La otra sorpresa de la noche fue darme cuenta que dos personas a las que consideraba católicos instruidos y practicantes no lo eran ¿si esos dos amigos míos que yo creía preparados, religiosamente hablando no habían podido contestar cuestiones básicas sobre su fe, qué podía esperar de las demás personas, de los estudiantes, de las amas de casa, de las personas que van a Misa solo cuando les nace o de las que son Católicas nada más porque los bautizaron de pequeños?

Mi amigo terminó su relación porque básicamente no quería vivir con una persona que le impidiera vivir dentro del seno de la Iglesia Católica, porque ella nunca consintió, no solo el bautizar a sus hijos, sino tampoco tenerlos y porque a final de cuentas no eran el uno para el otro; sin embargo creo que, tanto él como yo, aprendimos mucho de esa experiencia, él, comprendió que se había alejado de Dios y de su religión, enfocó sus esfuerzos en cambiar ciertas conductas y así poder buscar una mujer que siendo virtuosa no encontrara contradicción entre las convicciones y las conductas de mi amigo y yo aprendí que el hecho de decirnos católicos, de creer en Dios, de ir a Misa o rezar el santo Rosario no nos da los conocimientos necesarios para refutar los cuestionamientos que nos hacen en contra de nuestra religión, debemos estudiarla y conocerla.

Es por ello que, como objetivo primario al escribir este libro fue dotar de armas mínimas al católico que sin ser personas instruidas en su religión puedan darse cuenta de que nada de lo malo que se dice de la Religión Católica y su Iglesia es cierto, por el contrario, debemos de sentirnos orgullosos de ser considerados católicos, pues somos igualmente considerados hijos de Dios. Esta obra es un camino para conocer un poquito más de cerca la religión Católica.

Este capítulo, es el final de un camino en cuyo recorrido, se han dado diversos ejemplos de cómo la masonería, los anticatólicos, protestantes y hasta algunos que se dicen católicos atacan a la Iglesia Católica, ya sea por ignorancia o con mala intención y la han llamado millonaria, tacaña, violenta, codiciosa, pederasta, intransigente e intolerante. Se han analizado trece temas de los más controvertidos y los más utilizados para atacar a los católicos y su Iglesia, se han explicado y se han dado las razones por las que esas personas que atacan a la Iglesia Católica están totalmente equivocadas, se ha advertido al lector que existen fuerzas obscuras que se encargan permanentemente de atacar e inventar cosas en contra de la Iglesia y se ha demostrado que con todos los defectos que pueda tener una organización conformada por hombres, la Iglesia Católica es santa y así prevalecerá por todos los siglos, hasta el fin del mundo, porque fue fundada por Dios y porque Él mismo, al saber que los hombres pondrían en graves aprietos a su Iglesia,nos prometió, adelantándose a los hechos, que los poderes del mal no prevalecerían sobre ella.

La Iglesia Católica atraviesa sin duda alguna un momento difícil en su historia, ha sido envuelta en diversos escándalos que nos dan la certeza que el demonio trabaja día a día para su destrucción, sin embargo eso en nada debe de perturbar al católico, al seguidor de Jesús y María, pues el primero fundó su Iglesia y jamás permitirá que Satanás triunfe sobre su casa y la segunda velará por nosotros todos los días hasta el final de los tiempos como una verdadera madre, defendiéndonos del maligno y aplastando su cabeza para regocijo de todos los hijos de Dios.

Final de un camino y principio de otro.- Decía pues, que este capítulo es el final de un camino donde el lector se dio cuenta de que muchos cuentos y mitos que comúnmente circulan en contra de nuestra fe y de la Iglesia Católica, son precisamente eso, historias falaces y exageradas que buscan la confusión del católico para que se avergüence de sus creencias y se aparte del camino que el Señor nos enseñó para llegar y permanecer en él. Sin embargo, no solo es el final de un camino, sino el principio de otro, es el inicio de un sendero donde ya usted mejor informado puede y debe utilizar la información aquí condensada para que a su vez pueda dar testimonio y defienda a la Iglesia Católica de esos ataques.

De nada sirve el tener el conocimiento si no lo hacemos valer. Cada vez que se necesite, cada vez que alguien realice un comentario en contra o mal intencionado acerca de los bienes de la Iglesia, de los pecados de los sacerdotes, de los abusos cometidos durante la Inquisición, de los codiciosos cruzados, de los otros hijos de María, de la inutilidad de ir a Misa todos los domingos, de la intolerancia de la Iglesia para con los homosexuales o sobre las fantasías contadas por la Biblia, que no les pase como a mis dos amigos que siendo católicos y sabiendo que la razón le atañía no tenían un solo argumento que expresar en favor de sus creencias, no tenían el conocimiento mínimo indispensable para dar razones de su fe a una persona mucho menos culta que ellos. Que tampoco seamos como mi amigo que fue incapaz de acercar a su novia a la Iglesia Católica porque lo que le pedía con la boca se lo impedía con su mal ejemplo al no cumplir ninguno de los preceptos de la Iglesia ni cumplir con ninguno de sus sacramentos.

La persecución a los cristianos realizada en tiempos de Nerón no ha terminado. Según la organización "Open Doors"[59] y el informe sobre la libertad religiosa en el mundo, existen alrededor de cincuenta países, en su mayoría islámicos con persecución directa a los cristianos que sancionan gravemente a toda persona que realice algún acto de culto, promueva la fe cristiana, evangelice o introduzca Biblias o artículos religiosos a determinados países, según su propia legislación. Países tan conocidos como Egipto, Marruecos, Kuwait, Iraq, Argelia o

---

59 Estos son los 50 países del mundo donde se persigue a los cristianos. https://www. publimetro.cl/cl/mundo/2014/08/26/estos-son-50-paises-mundo-se-persigue-   cristianos-2. html

Arabia Suadi y otros menos conocidos como Brunei, Gitubi o Bahreim. En todos estos países y en muchos más hay, constantemente, ataques a templos y asesinatos a sacerdotes, misioneros o simples cristianos que van a Misa.

Nuestra tarea es mucho más fácil que la de aquellos mártires e igualmente necesaria. En esta región del mundo existen también ataques que sin ser a base de balas y metralla, tienen como armas la cizaña, la difamación y la mentira. Los que somos miembros de la Iglesia Católica, debemos defender con la verdad y con valor a nuestra Iglesia, ante los ataques del maligno y sin necesidad de arriesgar la vida, como aquellos cristianos perseguidos en medio oriente, defender nuestra religión y nuestras creencias.

Vayamos pues a dar testimonio de la palabra de Nuestro Señor Jesucristo haciendo apologética, dando razones de nuestra fe y de nuestra esperanza, a través de la palabra y del ejemplo, defendamos con orgullo nuestra condición de hijos de Dios y de católicos, no vaya a ser que la final de nuestros días y a la hora de nuestro juicio individual Dios nos diga las palabras que ninguno quisiera escuchar jamás: *"...Porque cualquiera que se avergüence de mí y de mis palabras en esta generación adúltera y pecadora, el Hijo del Hombre también se avergonzará de él, cuando venga en la gloria de su Padre con los santos ángeles...".*

BIBLIOGRAFÍA

Se han puesto todas las referencias, tanto las bibliográficas como las referencias que se han encontrado en internet, con los datos del sitio web, con el objeto de que puedan ser consultadas desde cualquier ordenador.

1.- "La Santa Biblia" versión latinoamericana. Edición revisada 2005. Editorial verbo divino. España, 2010.

2.- "Catecismo de la Iglesia Católica". Coeditores latinos de Méjico. Nueva edición conforme el texto latino oficial. Méjico 2012.

3.- "Efeta" autor. Lidia Cruz Salazar, editorial Folia universitaria. Cuarta edición, Méjico, Marzo 2002.

4.- "Sobre Roca". Autor lidia Cruz Salazar. Editorial Folia Universitaria. Cuarta edición, Méjico, Marzo 2002.

5.- "La religión demostrada". P.A. Hillaire. Grupo editorial Éxodo. Primera edición, tercera reimpresión. Ciudad de Méjico 2005.

6.- "Por qué soy Católico y por qué quiero seguirlo siendo". Juan Rivas Pozas, L.C. editorial Hombre nuevo. Méjico 2012. Sexta edición.

7.- "La cena del cordero". Scott Hahnn. Ediciones Rialp, S.A. Madrid 2016, vigésima edición.

8.- "Lo primero es el amor". Scott Hahnn. Ediciones Rialp, S.A. Madrid 2012, sexta edición.

9.- "Signos de vida". Scott Hahnn. Ediciones Rialp, S.A. Madrid 2010.

10.- "Dios te salve, Reina y Madre". Scott Hahnn. Ediciones Rialp, S.A. Madrid 2013, décima edición.

11.- "Roma Duce Hogar". Scott Hahnn. Ediciones Rialp, S.A. Madrid 2014, vigésima edición.

12.- "Fe y revelación". Scott Hahnn. Editorial Biblioteca de autores cristianos Madrid 2015, tomado de la primera edición de 2012.

13.- "Comprender las escrituras". Scott Hahnn. Editorial Biblioteca de autores cristianos Madrid 2015, tomado de la primera edición de 2012.

14.- "Juárez intervencionista". Autor Alfonso Junco, Editorial Jus, S.A., 1972, Segunda edición. Págs. 26, 67 y 94).

15.- "Catecismo de la Suma Teológica de Santo Tomás de Aquino para todos". Autor R.P. Tomás Pégues O.P. Grupo editorial Éxodo. Primera edición, primera reimpresión. Méjico; D.F. 2012.

16.- "El caso de cómo el ateo más famoso del mundo terminó creyendo en Dios". Sitioweb:http://www.mires.cl/site/eaps/index.php/fotos-mires/noticias-mires/32- destacadas/134-el-caso-de-como-el-ateo-mas-famoso-del-mundo-termino-creyendo- en-dios.

17.- "Historia de la Iglesia. Iglesia México Independiente. Eclesiología. Comonfort, Benito Juárez y las Leyes de Reforma". Sitio web http://es.catholic.net/op/articulos/9835/enviado9835.html#.

18.-"El tratado corwin-doblado y la batalla de Richmond". Sitio web http://www.inehrm.gob.mx/en/inehrm/El_Tratado_Corwin- doblado_y_la_batalla_de_Richmond.

19.- "¿En qué consistió la infame Ley Calles de 1926?" Autor: Agustín Martínez Avelleyra. Extraído del libro «No volverá a suceder», pp. 21-23. Visible en el sitio web https://Bibliaytradicion.wordpress.com/2011/06/27/en-que-consistio-la-infame-ley- calles-de-1926/.

20.- "Inquisición sobre la Inquisición". Autor Alfonso Junco. Editorial Jus. Cuarta edición. México 1967.

21.-Revista "Proceso". http://www.proceso.com.mx/459696/sacerdotes-asesinados- la-desacralizacion-lo-religioso.

22.- Revista "Fortune" desmiente mito de "grandes riquezas" del Vaticano, visible en el sitio webwww.aciprensa.com/noticias/revista-fortune-desmiente-mito-de- grandes-riquezas-del-Vaticano-48091.

23.- "Vaticano, Las Estadísticas de la Iglesia Católica 2016". Visible en el sitio web http: "Las buenas obras de la Iglesia Católica" visible en el sitio web http://es.catholic.net/op/articulos/62428/catholic- net.html?fb_comment_id=1071499482888557_1634475003257666#f257b-6ce9a728 9.//www.fides.org/es/news/61026.

24.- "La Inquisición española: verdades y mitos". Visible en el sitio web http://es.catholic.net/op/articulos/59814/cat/279/la-inquisicion-espanola-verdades- y-mitos.html

25.- "¿Qué sucedió realmente con la Inquisición?". Visible en el sitio web https://www.interrogantes.net/que-sucedio-realmente-con-la-inquisicion/

26.- "La Inquisición y la Brujería". Gustav Henningsen. 23 junio 2008. Sección: Leyenda Negras. Visible en el sitio web http://encuentra.com/leyendas_negras/la_inquisicion_y_la_brujeria_13141/

27.- "La Inquisición y la reforma protestante". Visible en el sitio web https://apologeticasiloe.net/Apologetica/La%20Inquisicion%20y%20la%20reforma% 20protestante(1).htm

28.- "Artículo: que no te engañen la Iglesia nunca mató a Galileo". Visible en el sitio web https://es.churchpop.com/2018/01/08/te-enganen-la-Iglesia-nunca-mato-a- galileo/.

29.- "Sólo un 1,4% de los adultos son gays: a veces se hinchan cifras ignorando los mayores de 50 años". Visible en el sitio web http://www.forumlibertas.com/solo-un- 14-de-los-adultos-son-gays-a-veces-se-hinchan-cifras-ignorando-los-mayores-de-50- años/

30.- "Hombre o mujer no seas anticuado ahora puedes elegir entre 31 identidades sexuales". Visible en el sitio web https://www.actuall.com/familia/hombre-mujer-no-   seas-anticuado-ahora-puedes-elegir-entre-31-identidades-sexuales/.

31.- "Constitución dogmática sobre la Iglesia del Concilio Vaticano II" Lumen Gentium, cap. 8, 57.

32.-   "Da lo mismo cualquier religión". Visible en el sitio web https://www.taringa.net/posts/apuntes-y-monografias/14091035/Da-lo-mismo- cualquier-religion.html

33.- "Desarrollo del canon de las Escrituras". Visible en el sitio web http://www.corazones.org/Biblia_y_liturgia/Biblia/canon_desarrollo.htm

34.- "Y la Biblia tenía razón". Visible en el sitio web http://www.meditacionesdiarias.com/2015/02/y-la-Biblia-tenia-razon/

35.- "Cuatro mitos sobre las cruzadas. Paul F. Crawford, 21/04/2011". Visible en el sitio web https://www.aciprensa.com/controversias/lascruzadas.htm.

36.- "El código Da Vinci y sus mentiras". Visible en el sitio web https://www.aciprensa.com/controversias/Da Vinci2.htm.

37.- "La descripción de la masonería y la postura de la Iglesia". Visible en el sitio web http://es.catholic.net/op/articulos/1818/cat/19/masoneria.html#

38.- "Orígenes e historia de la new age". Visible en el sitio http://www.arbil.org/(21)nera.htm

39.- "Publicación del Consejo pontificio de la Cultura y para el Dialogo Interreligioso, Jesucristo Portados de Agua Viva, una reflexión sobre la "Nueva Era". visible en el sitio web: http://www.vatican.va/roman_curia/pontifical_councils/interelg/documents/rc_pc_interelg_doc_20030203_new-age_sp.htm